生活因阅读而精彩

生活因阅读而精彩

罗英◎编著

超级演讲术

THE ART OF LECTURE

让掌声响起的艺术

时事出版社

图书在版编目(CIP)数据

让掌声响起的艺术:超级演讲术 / 罗英编著.—北京:时事出版社,2014.5

ISBN 978-7-80232-713-9

Ⅰ.①让… Ⅱ.①罗… Ⅲ.①演讲-语言艺术 Ⅳ.①H019

中国版本图书馆 CIP 数据核字(2014)第067827号

出版发行:时事出版社
地　　址:北京市海淀区巨山村 375 号
邮　　编:100093
发行热线:(010)82546061　82546062
读者服务部:(010)61157595
传　　真:(010)82546050
电子邮箱:shishichubanshe@sina.com
网　　址:www.shishishe.com
印　　刷:北京建泰印刷有限公司

开本:787×1092　1/16　印张:18　字数:200 千字
2014 年 5 月第 1 版　2014 年 5 月第 1 次印刷
定价:32.00 元
(如有印装质量问题,请与本社发行部联系调换)

前言

成功的演讲不是照本宣读，也不是信息传授，而是演讲者与听众在思想和情感上的互动和交流。脱稿演讲是衡量演讲者演讲能力与水平的重要尺度。良好的口才、幽默的语言、独特的魅力、正确的技巧是演讲成功的法宝。

脱稿演讲不同于一般意义上的演讲，它除了普通的演讲外，还包含面试、自我介绍、会议主持、酒会宴会上的致辞、祝酒词、开幕词、闭幕词、婚宴祝词、生日祝词、节日慰问词等一切在公众场合所做的讲话。

脱稿演讲需要一定的演讲技巧，无论是在胆量、魅力、气质方面，还是在节奏、感情方面，都需要反复练习，掌握脱稿演讲的艺术，做到开会不念稿，讲话不带稿，出口成章，舌吐莲花，魅力四射，轰动全场。

脱稿讲话不但能够锻炼和培养一个人的胆量、语言能力、交际能力、自控能力、情绪管理能力、面对突发状况的应变能力、控场能力等，同时也能体现讲话者的文学素养、道德素养等。要想当众脱口而出，就要学会脱稿演讲的技巧，通过充足的前期准备，运用声音、动作、表情的独特魅力征服听众，让掌声响起。

你想在演讲中脱口而出吗?

本书是一本演讲攻略，内容丰富，范例翔实，指导明确，能让读者在科学有效的训练中掌握脱稿演讲的艺术，从语言到身姿，从内容到逻辑，从节奏到感情，掌握最正确、最恰当的技巧和方法，其中包括如何讲话逻辑分明、抑扬顿挫，如何激起共鸣、调动情绪，如何适应情境、有的放矢。同时，通过精彩的案例分析，你将成为全场的焦点。快速掌握脱稿讲话的技巧，你的演讲技能可在训练中得到提升。

目录

CONTENTS

上篇
掌握脱稿演讲的艺术，让掌声响起

胆量 | 第一讲

让演讲远离怯懦，有胆有识超越自我

◎跳出怯懦的包围圈 / 003

◎用胆量开启思维的开关 / 008

◎治好“无胆”的心病 / 014

气质 | 第二讲

让演讲魅力独特，有模有样气质非凡

◎用微笑的力量战胜语言 / 018

◎妙用身体的无声语言 / 023

◎形成诙谐幽默的风格，亦不丢失原有的特性 / 031

节奏 | 第三讲

让演讲摒弃单调，有声有色掷地有声

◎节奏让讲话更有吸引力 / 035

◎让声音远离平淡和单调 / 039

◎打造掷地有声的声音 / 046

材料

第四讲 让演讲脱口而出，有血有肉言之有物

◎充分的知识储备让讲话言之凿凿 / 050
◎为讲话准备最好的材料 / 053
◎列好提纲，让讲话脱口而出 / 057
◎别让语言成为沟通的障碍 / 064
◎认清自己的角色再开口说话 / 069

头尾

第五讲 让演讲凤头豹尾，有始有终印象深刻

◎好的开端，是成功演讲的一半 / 075
◎谦虚：建立良好沟通关系的良药 / 083
◎幽默的语言，拉近心灵的距离 / 091

逻辑

第六讲 让演讲逻辑完美，有条有理短小精湛

◎凤头，猪肚，豹尾 / 100
◎观点，少而精 / 111

共鸣

第七讲 让演讲感情充沛，有情有义产生共鸣

◎用真情实感引起共鸣 / 115
◎抓住听众心理，调动其积极性 / 122

激情 | 第八讲
让演讲声情并茂，有张有弛抑扬顿挫
◎内心的热情要说出来 / 130
◎“动作表达法”让演讲激情澎湃 / 135
◎设计讲话中的“包袱” / 140

气氛 | 第九讲
让演讲妙趣横生，有说有笑气氛活跃
◎将听众带领到精神“高地” / 144
◎弦外之音，点到为止 / 154

下篇
脱稿演讲的实战演练，让讲话脱口而出

团体讲话 | 第十讲
依情合境，巧舌如簧
◎自我介绍：微笑着递出自己的名片 / 163
◎生动灵活的脱口而出 / 170
◎现场报道的“五 W”公式 / 181

会议讲话
第十一讲
严谨务实，有声有色
◎活跃的开场白打破沉默 / 187
◎“插话”的风范 / 201

应酬讲话
第十二讲
反应灵敏，别出心裁
◎别出心裁的宴会致辞 / 207
◎让祝酒词得体又大方 / 230
◎其他公众应酬词欣赏 / 235

辩论讲话
第十三讲
机敏睿智，大气风度
◎巧对辩场上的风云多变 / 246
◎辩论的风度 / 253
◎优秀演讲范例欣赏 / 260

媒体讲话
第十四讲
从容不迫，游刃有余
◎面对媒体要做到有的放矢 / 263
◎媒体应对中，无声胜有声 / 268
◎面对公众，说错话后的补救 / 272

上篇

掌握脱稿演讲的艺术，让掌声响起

脱稿讲话不但能够锻炼和培养一个人的胆量、语言能力、交际能力、自控能力、情绪管理能力、面对突发状况的应变能力、控场能力等，同时也能体现讲话者的文学素养、道德素养等。要想当众脱口而出，就要学会脱稿演讲的技巧，通过充足的前期准备，运用声音、动作、表情的独特魅力征服听众，让掌声响起。

第一讲 ╱ 胆量
让演讲远离怯懦，有胆有识超越自我

好的心理素质是人生成功的基础，演讲需要胆量。胆量需要磨炼，需要摒弃胆怯、懦弱的心理，有胆有识，有胆有谋，这样才能在脱稿演讲中大胆表现，舌灿莲花。

◎跳出怯懦的包围圈◎

范例点评

萧伯纳，英国著名的现代主义戏剧家，才华横溢，他演讲时幽默的言辞为世人津津乐道，充分展现了他渊博的知识和深邃的思想。可是却很少有人知道，他在年轻的时候胆子很小，甚至不知道怎样跟人交流。一次，因为一件很重要的事，他决定跟校长面谈。他在反复练习怎样跟校长谈话之后，终于鼓起勇气来到校长室前，刚想敲门进去，手却停在了半空中。他突然想到校长会不会在忙呢，这样敲门会不会打扰校长呢，也许他正在里面会客呢。这些想法一瞬间冲到他的脑子里，他犹豫着想放弃，但是又不甘心，想了很长时间还是决定去见校长，可是手都碰到门边了，又放了下来。就这样三番五次地，他在校长室前徘徊了半个多小时，最后终于鼓足勇气敲响了校长室的门。事实证明，他之前的担忧都是多余的，他们的谈话很顺利。

这件事之后，萧伯纳发现自己在说话方面有很大的缺陷，常常会担心自己说错话，也不知道应该在什么情况下说怎样的话。萧伯纳知道这是胆小的表现，这种怯懦扼杀了他很多的想法，因此他下定决心改掉这个毛病，让自己甩掉胆小的包袱。

他开始强迫自己在众人面前讲话，以锻炼自己的胆量。刚开始，他在面对众人时紧张得浑身发抖，也遭受过别人的讥笑与嘲讽。但是，萧伯纳并没有因此而放弃公开演说，而是把别人的讥笑与嘲讽当作自己前进的动力。他越挫越勇，并且参加了许多社团辩论赛。每一次辩论中，他总是积极发言，据理力争，有意识地提高自己的说话能力，不断地延长讲话时间。他会抓住一切公开演讲的机会，在菜市场，在路边，在广场，在一切可能的地方，无论有没有人听他说，他都慷慨陈词。慢慢地，他发现自己居然能够很从容地讲话了。最终，在不断的努力与坚持下，萧伯纳成为著名的演说家。

玉要雕琢才能成器，道路要修整才能平坦，胆量不会生来就具备，更不会像天上掉馅饼一样落下来，是要经过不断磨炼的。一个成功的推销员、演说家并不是生来就对说话习以为常的。在成为一名成功的推销员之前，他们也是经历过无数次的失败，遇到过数不清的坎坷之后才建立起说话的勇气的。那些著名的演说家也是在一次又一次的演说中获得经验，掌握技巧，最终才赢得满堂喝彩的。迈出第一步总是比较艰难的，但是一回生、二回熟，熟能生巧，之后便可游刃有余了。

要知道，讲话的胆量都不是天生的，而是后天锻炼出来的。

周采芹，国际著名戏剧家、电影演员，是英国皇家戏剧学院的首位中国院士。然而她在第一次登台的时候，却被吓坏了。那时候，周采芹12岁，一开始还信心满满地走上台，可是看到台下的观众时，她突然就懵了，完全不知道自己应该做什么、说什么，只好跑下台。她的老师看到这样的情景，马上劝说她再次登台，好说歹说她才重返舞台。虽然起初的尴尬下台让她觉得很不自在，但她还是把歌完整地唱完了，台下响起了热烈的掌声。对于12岁的周采芹来说，这掌声无疑是对她最大的鼓励。

从周采芹的经历中我们可以看出，再好的演员也是从第一次登台开始的，每个人第一次登台时都是“无胆英雄”，实践才是练习胆量的有效方式。她从第一次害怕得跑下舞台，到第二次把歌唱完，这就是胆量的一次提升。

每个人在生活中都会有怯懦的时候。人处在陌生的环境，面对陌生的人和事时，害怕、担忧、自我保护等等，这些情况都是必然的。但是，如果你不能及时克服怯懦的心理，它就会如影随形，成为你通往成功之路的绊脚石。

技巧指导

大家之所以常常被怯懦感包围，主要是因为夸大了那些未知的困难。要想让自己面对众人时从容、淡定地说话，最好的方法就是让说话成为一种习惯，抓住每一个开口的机会主动与人交谈。那么，具体应该怎样做呢？你可以参照以下的方法来锻炼自己说话的能力。

(1) 从身边入手，多与家人交流

其实，家庭是练习口才的最佳场所。家长里短总是说不清、道不明的，但是总有人能够处理好夫妻关系、教育好子女、协调好邻里关系等，那么以上这些你能做到吗？从和自己最熟悉的人交流开始练习你的口才吧，这不会有太大的难度，因为他们都是你最亲近的人。

如果你能在妻子烦恼时提出好的建议，或者在孩子成绩进步时说一些恰到好处的鼓励言辞，那么你已经在说话方面有了良好的基础。请大胆地说出你的每一个想法，如你觉得沙发应该摆在更显眼的地方，或是觉得妻子穿玫红色的衣服更漂亮。不要惜字如金，你的建议和赞美只会让整个家庭更加和谐与温馨。

(2) 和朋友谈话，让交流变成切磋

你的朋友还仅仅停留在同事圈，聊的话题仅仅是最近有什么消遣？如果是这样的情况，那么你到了扩大朋友圈、广结良友的时候了。他们应该来自不同的地方，介于不同的阶层，分属不同的年龄，从事不同的工作，这样在与他们相处时你才会遇到不同的问题。也许小张经常和妻子吵架，小李的儿子成绩不好，小王的生意不太好做……这些事情都能成为你主动与他们说话、沟通的动力。如果你想拥有好的口才，想要锻炼自己说话的胆量，就去做吧。多和他们聊聊天，在生活上、工作上给出好的建议。渐渐地，你的朋友会越来越多，他们也会愿意跟你交谈，你说话的胆量也会渐渐大起来。

(3) 积极参与集体活动

当今的社会处在一个交流的时代，每个人都或多或少会参加一些社交活动，你也许并不认识聚会上的每一个人，不过这的确是一个锻炼说话胆量的绝佳机会。当别人三五成群地交谈时，你是不是也考虑加入呢。或者你会发现有人像你一样孤零零地待在一边，千万别错过开口说话的好机会，放心大胆地走上前去向对方介绍自己。可以先从最简单的话题说起，比如“要来一杯酒吗？”“觉得今天的聚会怎么样?”多参加几次这种聚会、沙龙活动，你下次如果再碰到陌生人，就不会过于生疏和胆怯了。不要怕被人拒绝，只要你主动开口，就是对自己下一次主动与人交谈的最大鼓励。

总之，在任何场合你都要把握住说话的机会，胆量是锻炼出来的，你可以从每一次的谈话中总结经验，学习说话的技巧，不断地锻炼自己的胆量，慢慢地建立自信。要相信，努力付出才有回报，持之以恒才能成功。

◎用胆量开启思维的开关◎

范例点评

小李大四即将毕业的时候，不断地投简历找工作。一天，一家大型的电子公司到学校来做校园招聘，小李对这个公司的销售工作很感兴趣，也很庆幸自己进入了群面环节。

面试在学校的报告厅举行，4人一组，小李是小组里唯一的女生。当她走到面试官面前还没来得及坐下时，面试官抬头看了她一眼就冷冷地说："你可以走了，我觉得你不合适!"小李很惊讶，也觉得很没面子，心想凭什么还没开始谈内容就把我淘汰了呀。她没有说话，也没有走，而是随着其他三位男生一起坐了下来。面试官也没有再说什么，只当小李不存在，然后便开始对一名男生发问："你觉得自己有什么做得比较成功的事情，说一下?"那个男生也许太紧张了，支支吾吾说了半天也没讲清楚。小李很替那个男生着急，就小声提醒他："你可以说一下在学校里参加过的活动啊。"面试官看了小李一眼，小李心想："不至于说我作弊吧。"

面试官依次问过三个男生之后，终于开口问小李："刚才那三个男生是你的竞争对手，为什么你愿意帮助他们?"小李淡定地说："我并不认为他们是我的竞争对手，我们是一个团队，如果大家都能通过面试，将来可能还是同事。”面试官笑了笑，接着问：“我刚才对你说不合适，可以走了，你为什么要留下来呢？”

小李觉得自己终于有展现的机会了：“我觉得你只是看了我一眼，并不能全面地了解我，也不应该盲目地判断我是否适合这个职位，所以我留下来是想给你一个了解我的机会。第一，我非常喜欢贵公司的销售职位，我很用心地填写简历，真诚地前来面试。但是令我意外的是，你居然在不了解我的情况下否定我。第二，我认为你对应试者的态度是不对的。今天所有的面试者都有可能成为贵公司的员工，更可能成为贵公司未来的客户，但是你今天的言行给我留下了非常不好的印象，我可能成为不了贵公司的员工，同时因为你的不友善，我也不再愿意成为贵公司的客户。第三，你今天的态度与行为代表了贵公司的态度与行为，今天你影响了我对贵公司的看法，明天就会影响到我所有的亲朋好友对贵公司的看法。”

面试官点点头笑了，并对小李对答如流、不卑不亢的表现投以赞许的目光。因为从小李进门开始，面试官对她的否定就是小李接到的第一个试题，很显然小李交了一份让面试官非常满意的答卷。要知道，小李应聘的职位是销售员，在以后的工作中，她要面对的是更多的无视与冷漠，如果连这位面试官的态度都接受不了，那么这份工作她怎么能胜任。

女大学生小李虽然没有工作经验，并在刚进门时就遭到否定，但是她却能够顶住眼前的压力，没有气馁，也没有放弃，并大胆地讲出自己的想法，不卑不亢。这种敢于表达自己、面对挫折，并积极将自己的想法付诸实践的行为才能真正体现出一个人的胆识。

美国华盛顿广场上著名的杰斐逊纪念馆因为年久失修，墙壁已经被腐蚀，污渍斑斑，这件事被作为议题在国会上商议。当时很多人提议把纪念馆拆除，一位研究者却勇敢地说出了自己的想法，并促成国会最终保留了纪念馆。

原来，他发现，纪念馆被严重腐蚀，是因为长久以来清洁人员不断地用含腐蚀性成分的水清洗；而经常用含腐蚀性成分的水清洗是因为墙上附着太多鸟粪；鸟粪又源自附近滞留了太多的燕子；而燕子又是到纪念馆内捕食蜘蛛的；蜘蛛的存在又是因为飞虫太多；室内的灰尘太多导致飞虫繁衍；馆内尘埃多又是因为阳光充裕。这一系列的分析让他得出一个结论：关上窗户，阻止阳光照射进来。最终，大家被他有条理的分析说服了。

假如这个研究者在面对众多反对者时默不作声，他就没办法去思考导致纪念馆腐蚀的原因。正是因为他有胆有识，这座具有历史意义的白色大理石建筑——纪念《独立宣言》的起草者、美国第三任总统托马斯·杰斐逊的纪念馆才得以保留。

胆量是你开口与人交流的“遥控器”。一个没有胆量开口说话的人，无论他内心有多少东西都没办法体现出来。

技巧指导

胆量是开启你思维的开关，按下开关，思维的电流就会被接通，侃侃而谈、抑扬顿挫都不是问题；如果没有这个开关，即使你学富五车、才高八斗也毫无用处。人一紧张就会忘却所有的东西，导致思维逻辑混乱，说话驴唇不对马嘴。胆量是靠实践锻炼出来的，后天对胆量的培养主要有三种途径。

（1）家庭环境的影响

家庭是影响你胆量最深的地方，你可能会从小就耳濡目染或者受到家长有意识的培养。

凤凰卫视主持人胡一虎就是一个很好的例子。他曾经在自传中提到自己第一次站在台上发言的情景：他的父亲帮他整理头发，拉平衣角，郑重地牵着他的手走上人生的第一个舞台。之前在家里他和父亲已经练习过多次，尽管只是一次简单的发言而已，但是父亲却极其重视，并认真地纠正他的语气、语调甚至是眼神。父亲有意识地培养胡一虎的胆量，使得他从小就对公开讲话有了浓厚的兴趣，一次又一次的锻炼也增强了他的自信心。

父母要从孩子懂事起就开始培养他的胆量，创造条件让孩子表现自己，可以是爷爷过生日的时候让孩子唱首歌，抓住一切让孩子公开表现的机会，让孩子从小就不怕生，勇于表现自己，并多多表扬孩子的行为，让孩子建立自信。久而久之，胆量就在一次次的锻炼中培养起来了。

(2) 自我突破

在你意识到自己羞于跟别人说话的时候，你就要开始重视自我胆量的培养了。

有一位科长，胆量过人，越是人多，越是大场合，说话越来劲。一次他和同事一起向领导汇报方案，提出将行业内的小公司拆除，组建全市性的国资大公司。

他话音刚落，就遭到几位领导的强烈反对，同事吓得说不出话来。可是科长却坚定立场，说得有理有据，更举出其他城市的成功例子，让大家心服口服。最终方案通过，科长也因为颇有胆识而被领导所赏识，连连升级。别人都问他为什么这么有胆识，他说自己自小生长在农村，非常自卑，上大学后看到别人总是风风火火地参加社团、走上舞台，他就下定决心要突破自我，练习自己的胆量。之后他积极参加社团、辩论会，每一次公开演说都能找到他的身影。他不断地自我练习，总结经验，对着镜子纠正自己的语气、神态，最终练成了现在的有胆有识。

自我学习就是要把自己想说的话在心里反复练习，也可以对着镜子观察自己说话的语态、眼神，直到能脱口而出为止。虽然在这个过程中你可能会处处碰壁，但一定不要害怕别人的嘲笑，这是一种很有效的自学方式。

(3) 三人行必有我师——向他人学习

卡耐基是著名的演讲大师，他的学生可谓桃李满天下。他开创了集演讲、推销、外交和心理学为一体的教学课程，使许多商业人士都成为业内的演讲高手，也让数不清的美国人从自卑变得自信，由羞于交谈变成从容的外交家。他不仅改变了别人的命运，也让自己被世人所熟知、敬仰，也因此享有了“除了自由女神，只有卡耐基才是美国的代表”的赞誉。

我们之所以有今天的成就，是因为我们站在了巨人的肩上，一位好的老师就是一个巨人。从幼时起，与我们相处时间最长的除了家人外就是老师了，所以向老师学习说话是最直接和简单的方法。他上课时的语气、眼神都是我们学习的榜样。让自己像一位好老师一样，成为一个受欢迎的演讲者，提高自己讲话的胆量。

◎治好“无胆”的心病◎

范例点评

2006年国庆节期间，在中央电视台《你想挑战吗》的一期节目中，一个外国人挑战用鞭子抽灭燃烧的蜡烛。他曾经在中国学过功夫，在节目中创下了一个纪录：35秒抽灭15支蜡烛。山西的观众贾先生看了节目之后不服气，中国武术博大精深，自己练鞭子几十年，绝对比那个外国年轻人强很多，于是他连夜赶到北京，找到栏目组的工作人员，说自己可以破外国人所创下的纪录，栏目组同意让他上第二天的节目。

节目开始后，贾先生在台上挥舞着长鞭，很是自信的样子，可是时间到了之后，他发现自己才抽灭了12支蜡烛，还不如那个外国人呢。贾先生很纳闷：“这上了电视怎么就不行了呢？”朱军看出他有些紧张，就号召在场的观众再给他一次机会。当蜡烛重新点燃摆好后，朱军凑过去对他说：“这次你一定要成功。”贾先生一听这话，手就抖了一下，接下来的挑战更是一团糟，要么是打了空气，要么是把蜡烛打翻，贾先生急得满头大汗，最终的成绩还不如上一次。他不可能再有机会了，只得以失败告终。

“不成功便成仁”，破釜沉舟的话说过太多太多，可是最终又有几次是成功的呢？大家应该允许自己失败。成功和失败是一对孪生子，两者发生的概率是相同的，就像地球，无论怎样转总有一半是白天，一半是黑夜，凡事都有两面性，为什么只允许自己成功而不允许失败呢？这种错误的想法除了会加重自己的心理负担之外没有任何好处。

张佳是北京某大学的学生，英语水平非常突出，大学时就在新东方做兼职教师，还做过同声传译，同时积极参加各种社会实践活动，是个不可多得的人才。大学期间，她曾参加学校的“十佳学生”评比，但在自我陈述环节，由于太紧张发挥不佳，她没有入选。第二年，她又参加了这个评比，这一次她的老师告诉她：“允许自己紧张，你是一个学生，对自己的要求不要像新闻联播的主持人那样严格，紧张很正常，那才是真正的你。你陈述的目的就是让评委了解你，这是自我营销。你要把自己最真实的一面展现给评委，紧张说明你的心理状态是真实的。如果你刻意去掩饰自己紧张的情绪，反而会加重自己的负担。”最终，张佳在这次评比中夺得了“十佳学生”第一名的桂冠。赛后她发短信给老师：“老师，我成功了，非常感谢您，是您告诉我允许自己紧张，我这样想着，反而觉得轻松多了，您的建议给了我很大帮助，再次感谢，祝您工作顺利！”

一个人若是能接受自己的紧张并有效地控制它，他就会像张佳一样实现自己的愿望，登上成功的顶峰。

技巧指导

胆量是人心理素质的体现。无胆是一种心病，治疗这种病有两种方法。

(1) 允许紧张

允许自己紧张。造成紧张的原因是害怕，这是本能的反应，人一旦遇到危险的情况就会自觉启动自我保护的开关。这时候身体会表现为：血压、血糖升高，为身体提供大量的能量来应对突发的状况，要不人在紧急情况下怎么会比刘翔跑得还快。当然，只要有能量产生就一定会有压力，怎么办呢？就像火山聚集了大量的能量就会喷发一样，压力多了就要释放。

当人站在台上讲话的时候会紧张，有的人会表现为身体颤抖，有的人会不自觉地来回走动，有的人会无意识地摆出过多的手势或动作，这些动作都是为了释放紧张的能量。然而有人总是在心里默默地告诫自己不要紧张，可越是这样心理暗示，反而越会加重紧张的情绪。心理专家于本祥先生提出了一个新的观点：允许紧张。我们要顺其自然地接受紧张，而不是企图去控制它。紧张本身就是身体对抗外界环境的一种本能反应，我们要正确对待它。如果你站在台上，觉得不自在，那么不妨直接开口告诉大家："看到大家来捧场，我有点紧张。"摒弃自己紧张的心理，你反而觉得轻松自然了。这样，听众也会放松下来，也就更容易接受你的讲话。

（2）允许犯错

当你站在讲台上第一次脱稿对公众讲话的时候，总觉得不敢看下面的听众，眼神飘忽不定，说话总是结结巴巴，一句话重复好几次，明明背好的词，可是上了台就忘得一干二净。

一个人害怕当众说话是正常的，无论多出色的演讲家登台都会紧张，只是经验不同、紧张程度不同罢了。对于平常人来说，我们既不是演讲家，也不是主持人，每天都有工作要做，又不像那些教授一样以讲话为职业，因为缺乏锻炼、缺乏经验，所以站在台上讲话会出错、会逻辑混乱是很正常的事情。

曾经有个教授受邀到大学里面做演讲，学生多得站满了礼堂，校方安排一些学生去一个教室通过视频听讲座。礼堂设了两个摄像机，一个是播放现场观众的，另一个是播教室的。教授还从没遇到过这样的情况，所以只是对着拍摄礼堂的摄像机讲话，而忽略了在另一间教室的学生们，直到最后总结的时候才想起来教室的那些同学，并向他们致歉。

这位教授虽然觉得有些遗憾，但是并没有沮丧和自责。他认为每个人都应该接纳自己的错误，只有在错过之后才会知道自己真正欠缺的是什么，错误只能让自己积累更多的经验，让自己变得更加强大。

第二讲 ╱ 气质

让演讲魅力独特，有模有样气质非凡

演讲风格独特的人总会受到听众的欢迎，一个微笑，一个动作，一种幽默，都令人舒适、自然、放松。独特的气质让你更出众、更独特，也能让你的演讲赢得额外的加分。

◎用微笑的力量战胜语言◎

范例点评

张先生从小继承家产，不到30岁就已经拥有几家公司的股权，穿戴都是名牌。他虽然很聪明，但是外在的浮夸让他显得非常傲慢，平时为人也比较自私，所以很多人都不愿意跟他接触。但是，就在上个月他却发生了翻天覆地的变化，身上的名牌西装换成了简洁大方的T恤，曾经趾高气扬的样子也消失不见了，待人接物态度温和，脸上也总是挂着微笑。

原来这巨大的转变都源于不久前的一次经历。几个月前，他去百货公司为即将过生日的母亲挑选礼物，他刚从豪车上下来，迎面撞上一个身材高大的男人，那人没有一丝歉意，反而回头说了一句脏话。依照平时跋扈的个性，他一定不会轻易放过那个男人，但那天他是为母亲挑选礼物的，心情非常好，只是淡淡地笑了一下，还向那个男人说了句“Sorry”。那个男人也没有再嘟囔下去，而是突然跑开了。张先生没把这件事放在心上，可是回家后他才发现自己手上戴的劳力士表不见了。这时候电视上的新闻报道，就在张先生买礼物的那家商场发生了重大抢劫伤人案件，歹徒砍伤了一个驾着豪车的男士，还抢走了他身上的现金及名表等贵重物品。张先生认出电视上的劫匪就是自己撞到的人，他很庆幸自己当时没有和他起冲突，现在想起来都后怕。

试想如果当时张先生意气用事地与歹徒发生冲突，新闻上被报道的人就会是他了。他努力回想是什么让自己免于这场灾难，原来是他的微笑，因为母亲要过生日，他心情大好，不自觉地就表现在脸上，是这个微笑救了他自己。

人们面带微笑的原因是潜意识中的快乐所决定的，不自觉的微笑会感染他人，积极向上的态度和形象也会更容易让他人亲近自己。人人都喜欢春天，因为它是万物复苏、生机勃勃的季节；人人都讨厌秋天，因为它是落叶飞舞、万物凋零的季节。人也是一样的，当你不开心时，就会皱起眉头，眼神犀利，让人望而却步；当你开心微笑时，就会嘴角上扬，眉眼弯弯，让心容易亲近，自然也会带动听众的情绪，大家也会被你所感染，喜欢上你的演讲。

在日本，有一位茶道师胆子很小，因为外面世道乱而不敢出门，每次出去都要乔装打扮一番。一次他扮成武士出门办事，碰到一个浪人。浪人看到茶道师就上来挑衅，说要和茶道师比剑道。茶道师吓得说出真相，浪人更加愤怒了，说："你明明是茶道师却扮成武士的样子，这是在侮辱武士，我一定要你死在我的剑下。"茶道师灵机一动，说："我还有事情要办，明天约在桥边见吧！"浪人答应了。茶道师心想自己已经没有退路了，只好让自己死得有尊严一点了。

第二天他按时赴约，浪人看见茶道师就拔出剑，可是茶道师却神情自若，微笑着看着浪人，不紧不慢地把帽子摘下，脱下外衣，慢慢摆放整齐。浪人看到这个情景很害怕，在这生死关头还能气定神闲，他感觉茶道师的功夫一定高深莫测。这时，茶道师拔出剑，浪人被茶道师淡定的眼神和从容的微笑给震慑住了，突然跪倒在地，说："求您饶我一命，是我自不量力。"就这样，茶道师不费吹灰之力就赢了这场比试，他用从容的微笑征服了嚣张的浪人。

要知道，微笑的力量是无穷大的，对观众所具有的征服力也是强力的。是什么让《蒙娜丽莎的微笑》这幅画广为流传？这幅画到底有什么魔力让各界人士争相一睹为快？她的秘密武器就是那一抹微笑，是微笑让她征服了全世界！蒙娜丽莎的眼睛溢满微笑和善意，是微笑的力量战胜了语言，不用开口说话已经全都明了了。全世界都为这一抹微笑所倾倒。

技巧指导

相信很多学生都有这样一种感受，喜欢面带微笑的老师。试想，如果老师在开始上课前就绷着脸走进教室，学生们就会觉得很压抑、很紧张，教室里静悄悄的，也没有互动，没有沟通。老师像是复读机，学生听课听得索然无味，连大气都不敢出。如果你是家长，你会愿意让孩子在这种氛围下学习知识吗？相反，如果老师面带微笑地走进教室，讲解知识的时候，学生也会跟着互动，融洽的课堂氛围一下子就出来了，学生的积极性也会被调动起来。我相信，大家都会记住老师的微笑，因为这微笑是亲和力的表现。那么怎样才能让自己保持微笑呢？这里有几个方法供大家借鉴。

（1）培养自信，让笑容发自内心

信心是一个人说话做事的基础，如果你唯唯诺诺、自怨自艾，那么你肯定是说不好话、做不好事情的。要从内心建立起信心，让自己看起来神采奕奕，自信会给人一种值得信赖的安全感。

一个上台充满自信心的人一定是事先做好充分准备的人。俗话说，“机会是留给有准备的人”，如果你没有做好充分的准备，那么即使给你再多上台的机会，你还是一样会说不好。要想达到成功说服别人的目的，一定要做好充分的准备，所以你在开口说话之前一定要大量搜集相关的资料，并进行整合、归纳、总结，把搜集到的东西加入自己的理解和观点。充足的准备可以让你自信满满、充满激情，与此同时也会对自己有新的认识，积累更多的经验。自信心是你通往成功的金钥匙，有了这枚金钥匙，你的思想会更加成熟，视野会更加开阔。

想要建立自信，首先就要给自己一定的心理暗示，这将对建立自信心有很大的帮助。

首先你在搜集整理资料后，要确立这个话题是有价值的、能够深入人心的，然后坚定自己的信念，不断地告诉自己，你的演讲将改变许多人的命运。其次要集中注意力，不要想那些分散你注意力的事情。有的人在没上台前总会想很多突发状况，比如，万一演讲中途忘词了怎么办、万一停电了还要不要继续讲下去等等。这些杞人忧天的想法已经把你的自信心打入谷底了，所以一定要集中注意力，认真准备资料、稿件。最后要对自己进行适当鼓励，给自己加把劲，“我一定能说得很好、我准备得很充分、我的演讲很有感染力、我的声音很有吸引力”等等，这些都能增强你的自信心。

(2) 找出不足，不断改进

湖南卫视主持人谢娜现在是主持界的知名人物了，她曾经在做访谈节目的时候谈到自己的经历。当年她在上学期间，连普通话都说不好，可是她并没有放弃，勇敢闯入北京求学。满口川音的她经常被其他人笑话，她知道普通话是她最大的不足，于是下定决心一定要把普通话练好。她每天早上天没亮就起床上早课，嘴里含着东西练习发音，直到把字音咬得非常清楚为止。她有时候对着镜子练，矫正自己的嘴型；有时候把自己的话录下来，看看哪些地方还存在不足。几年如一日，在不断的努力下，她最终成为主持界的骄宠。

金无足赤，人无完人，每个人都会存在不足和缺点，但是只要你能认清自己，找出不足，勇于挑战自己，并通过后期的努力甩掉缺点，你就能充满信心，在面对公众的时候，笑容也就会不自觉地流露出来。

◎妙用身体的无声语言◎

范例点评

张向东，3G创始人，笔者曾有幸听过他的公开演说。从上台开始，他就神情自若，讲话也像是跟朋友聊天一样。他在台上小幅度地走动着，并没有时刻盯着观众席，看起来有点像自说自话，还自嘲地说："或许我的陕西普通话会让你们听起来比较吃力。"全场都笑了，对现场氛的适度调节让他看起来更亲近。他给大家展示了一张照片，这张照片是他与合伙人唯一的一张合影，中间是一个手机娃娃。他说这张照片让他永远铭记当初为什么选择这条路！他说他最骄傲的事情不是取得了怎样的成绩，而是在这样的大环境下他还活着，他的团队还是一如既往地坚持着！演说的最后大屏幕上出现一张他骑单车的照片，他说他热爱骑行，希望大家环保！

相信每一个听过他演讲的人，都会被他的魅力所征服，被他的情绪所感染。他时而谦虚，时而幽默，没有过多繁杂的官方语言，每一句话都掷地有声，充满正能量！这也是他个人风度的体现。

大家所说的风度，一般是指言行举止、表情姿态都从容大方。一个人说话的风度是他思想的高度在语言方面的体现，同时也是他内在涵养的表现。保持讲话的风度是成为一个有魅力的演讲者的重要途径。拥有一个好的说话风度，是非常有吸引力的。男人说话的风度体现在阳刚之气，女人说话的风度体现在温柔有礼。我们都仰慕那些善于交际、彬彬有礼的外交官，也为那些政治家的豪言壮语所倾倒。德国戏剧家莱辛曾经说过："风度是美的特殊再现形式。"

风度是一个演讲者的言辞和思想的和谐体现，也是一个人内在品格的外在表现，如果一个人腹中空空、夸夸其谈，没有好的内在修养，那么他自然也不会是一个谈吐优雅的人，也就没有所谓的风度，更不会是一个有魅力的演讲者。其次，风度是一个人本我性格的体现。性格温和、勤于思量的人，他说出的话会更简洁明确，并富有感情；而性格豪放、不拘小节的人，说出的话更直白，并一语中的。再次，风度是一个人内在涵养的体现。一个有涵养的人遇到上人不卑不亢，遇到下人亲和有礼。任何没有目的的表达、没有内容的讲话都是没有风度的表现。

那么，对于处在领导地位的人来说，怎样有风度地讲话才能建立自己良好的形象和威信呢？我们可以参照下面的方法。

技巧指导

一个有魅力的演讲者，一定是言行举止都具有吸引力的人，吸引力可以表现为说话是否具有逻辑性、声音是否充满磁性、眼神是否柔和、表情手势是否一致、控场能力是否强大。如果这些答案是肯定的，那么你一定是一个非常出色且有魅力的演讲者。

（1）言行举止符合身份，体现风度

一次，卡耐基去参加一个宴会，一位商人在背地里不断地向他人诋毁卡耐基。这时候卡耐基就站在他的背后，不但没有作声，还微笑地看着他。此人意识到卡耐基的存在时，感到非常尴尬，卡耐基却主动上前与他握手问好，化解了这一尴尬的场面。试想一下如果卡耐基当众打断商人的话并与之争论，结局又会怎样，肯定会引起一场风波，扫了大家的兴致，而他自己也会成为别人茶余饭后的笑柄。卡耐基的行为就是有风度的表现。

领导的身份决定了其语言的重要性，应说得准确、精悍、有力度。从领导说的话中，可以看出他这个人是否符合其地位，同时也能判断出他的能力、素养的高度。领导的语言艺术性直接决定下属的工作动力和业绩，所以领导要时刻保持语言的魅力和独特性，形成自己的语言风格，展现出应有的领导者的风范。无论出席怎样的场合，领导都要时刻注意自己说话的方式，面对下属不能疾言厉色，要亲和大度，这样才会让下属发挥更大的主观能动性。如果是外交官出席外交场合，就要不怒而威，讲话要铿锵有力、掷地有声，具备高度的感召力与威慑力。

说话风度的呈现是多种多样的。有讲话口若悬河、侃侃而谈的，也有短小精悍、轻松幽默的，更有谈笑风生、温文尔雅的。每个人都应该根据自己的性格特征培养讲话的风度，因为每个人的思维方式、智商、情商皆有所不同，所以说话的风度也会体现出不同的方式。

(2) 打造脱稿讲话时的眼神

要知道，一个人的眼神是最能够传达出内心想法的，眼神的表意仅次于语言的力度。当人与人交谈时，如果不敢与人对视，则表示他害怕、紧张、心虚，不知道目光应该放在哪儿，躲躲闪闪，游离于世。这样的人既不能清晰地表意，也无法通过别人的眼神了解信息，最终他的讲话只能成为自说自话，让听众昏昏欲睡。

作为一个领导，更要注意自己眼神所传递的信息是亲和，还是威慑，让人通过眼神来知晓你的意思。事实上，领导在讲话时如何运用眼神是有很大学问的，总的来说可以归纳为三个方面。第一，扫视。在领导上台讲话时，可以将视线按照从左向右或者从前到后的方式进行扫视，这样不但可以照顾到每一位听众的情绪，让人感觉你在与他们交流，还能起到一种威慑的作用。当然，这种方法比较适合大型的会议或者比较公开的大场合。第二，对视。当你讲话时有人对你的话提出疑问时，你一定要与他有眼神的对视，这样做不但是对提问者的尊重，也能通过眼神传递自己的见解与真诚的态度，让听者的积极性被调动起来，参与到你的讲话当中来，还能让你的注意力高度集中，清楚地理解提问者的问题以便作出完整的回答。第三，外交注视法，当你出席社交场合时，这种外交注视法就再好不过了。外交注视法是指用眼睛看着对方鼻梁的部位，既能缓解自身的局促，又能让别人觉得你是在友好地注视他。与别人交流时，这样会营造出一种融洽的社交氛围，给人的感觉像是多年的老朋友一样亲切。

在与他人交往时，领导者不但要知道对方的眼睛想表达的意思，更要学会用自己的眼神来“说话”。通过以上介绍，大家应该对眼神的表意有了大致的了解，而一些小的细节更是不可忽视。切记，不要斜眼看人，这种方式会让人觉得轻浮，同时也是对人轻视、不屑的表现。

(3) 有模有样，不能缺了肢体语言

柯恩登在林肯传记中提到，林肯是用甩动头部作为一种肢体语言来传达信息的，尤其是当他要强调一件事或某个观点时，甩动头部的动作会更加明显。随着演讲时间的推移，林肯的肢体语言会越来越自然。有的时候为了表达喜悦的情绪，他会高举双手，大约与身体呈50度角，掌心向上；有的时候为了表达愤怒的情绪，他就会紧握拳头，抬起双臂在空中快速挥舞。例如对抗黑奴制度的时候，他厌恶的情绪通过这样的肢体语言表达得淋漓尽致。林肯总是双脚并拢，站姿整齐，更不会倚靠在任何物体上。在演讲的过程中，他会时不时地用左手抓住衣领，拇指向上。林肯的肢体语言是如此丰富，以至于林肯公园内的林肯雕像所采用的就是这个经典的姿势。

每个人都会有属于自己的肢体语言，当你站在台上讲话时，一定要挺起胸膛，这样不但能让你精神矍铄，还能把自信的一面传递给听众。记住，这些习惯要在平时就养成，不要等上了台才这样做。要知道习惯成自然，久而久之，无论你处于什么样的场合都会给人自信满满的感觉。手势也是演讲的一部分，要做到点到为止，既不会占领你的语言主权，又能给你的演讲锦上添花。要知道，手是人身体最灵活的部位，只要依照情绪的起伏适当地发挥就好。

值得注意的是，不要反复地使用同一个手势，那会让你看起来有点紧张和枯燥；手势也不要戛然而止，那样会太突兀。手势是辅助有声语言的良好工具，讲话者应该学会正确地使用它。

(4) 脱稿讲话时的坐姿、站姿、走姿

领导者给人留下的整体印象是非常重要的，尤其是他的肢体形象，例如坐姿、站姿、走姿，这些肢体形象跟他的样貌有着同等的重要性，因为它们都能反映一个领导的气质风韵。假如一个领导者在肢体形象上不能显示出作为领导的良好形象，用老百姓的话来说“站没站相，坐没坐相”，那么就算这位领导口才卓越、领导能力超群，也不会给大家留下好的印象，因为他的形象在众人眼里已经大打折扣。

相貌是父母给的，是无法改变的，但是人的身体姿态却是后天修养的表现，这是可以通过后天培养的。作为一个领导，要有领导独有的气质和姿态，要比普通员工更讲究自己的肢体形态。那么领导者怎样才算是以正确的姿态出现呢？以下几点可以供领导者参考。

A. 坐姿

坐姿也是一种语言，它是通过落座或者坐定的姿势来向他人传递信息的。

首先要认识到坐姿分为两种状态：一种是就座的姿势；另一种就是坐定的姿势。就座的时候，领导应该走到座位前面，然后轻轻转身，落座。这时要注意不要把桌椅碰出声响。落座后，视线应该与交谈者的视线持平，显示出亲和的姿态，同时背部要挺直，不能弯腰驼背，显得没有精神，同时保持头部端正，不要左顾右盼。如果是比较正式的场合，例如有尊贵的领导或贵宾参加，那么在落座的时候不要把位子坐满，一般占座位的 2/3 即可。两腿不要随意伸展，大腿与地面平行，小腿与地面呈 90 度，双脚不要上跷。如果是男领导，膝盖之间应保持一到两个拳头的距离；如果是女领导，最好是双腿并拢。如果不是特别正式的场合，可以将双腿交叉叠放，或者向一侧倾斜，注意在双腿交叉叠放的时候要做到膝盖以上并拢，否则就是跷二郎腿的姿势了，非常不雅观，也不得体。

在社交场合，无论领导选择哪一种坐姿，都应该面带微笑，自然，谦和；身体不要向两侧歪倒，倚靠；更不能把头部靠在椅背上或者不与谈话者眼神交流，把眼睛一直注视地面。

B. 站姿

无论是在社交还是生活中，良好的站姿是最基本的行为举止之一。正确的站立姿势应该是：头部保持端正，双眼目视前方，保持微笑，下颌稍稍收紧，肩膀保持水平，立腰，挺胸，收腹，双臂自然下垂，双腿并起，脚尖呈“V”字形。男士与女士的站姿也有所不同。女士在站立时，除了上述之外，还要注意的是，嘴唇应该呈微闭状态，双肩放松，身体有向上的感觉；男士的双臂自然垂于体侧，手指呈自然弯曲状态，双腿并拢直立，脚跟靠紧，在站立时双脚分开的距离不能超过肩宽。如果站立的时间太久，感到疲惫的话，可以将一只脚向后交叉撤一步，但是腰部以上仍要保持挺立，后撤的脚不能距离太远，否则会导致双腿之间的距离分开过大。

站姿也是向他人传递信息的一种语言。人的精神面貌可以从他的站姿反映出来，有些人在站立时通常只靠一只脚受力，另一只脚随意摆放，也有人习惯倚靠在其他物体上，这些都不应该是正式场合应有的姿态。在站立的时候，如果身体不端正，挺立，或者小动作过多，例如晃动手臂、双脚距离分开太大、脚随意踩踏在物体上，都会给人留下不好的印象，看起来非常没有礼貌。所以，在公众场合讲话时，一定要注意自己的站姿，体现出自信、从容的姿态，同时也给听众带来愉悦的感受。

C. 走姿

走姿区别于坐姿和站姿，它是人体所呈现出的一种动态，是站姿的延续。走姿是展现人动态美的重要形式，更可以显示出一个人的活力与魅力。正确的走姿应该是走得有风度、走得优雅。

正确的走姿应该掌握三个要点：从容、平稳、直线。

首先，应当保持身体直立，不能含胸驼背，要收腹直腰，双眼平视前方，两臂在身体两侧自然摆动，跨步均匀，身体的重心放在前脚掌上，步伐稳健、自然、有节奏感。

其次，步幅的大小可以根据场合、着装的不同而有所变化。女士在穿裙装、旗袍的时候，跨步的幅度应该小一些。同时，女士在穿高跟鞋的时候，注意不要发出太大的响声，抬起脚走路，高跟鞋与地面摩擦的声音在任何场合都是不文雅的，容易干扰别人。

有些男领导在走路的时候，喜欢把双手背于身后，身体左右摇摆，这些错误的走姿会给人以傲慢、轻佻、缺少教养之感。

◎形成诙谐幽默的风格，亦不丢失原有的特性◎

范例点评

汪涵是湖南卫视著名主持人，深受大家的喜爱，为什么呢？难道是因为他留着幽默的小胡子，还是因为他代言了老坛酸菜面？这些应该都不是大家喜欢他的理由吧！归根究底，汪涵幽默的主持风格才是大家喜爱他的关键，他被大家亲切地封为“策神”。汪涵虽出道比较晚，但这丝毫不影响他成为一个成功的主持人，而汪涵的成功可以用一鸣惊人来形容。汪涵在主持选秀节目时大获成功，之后的《越策越开心》更是成就了他“策神”的封号，他不但人气飙升，还屡屡获奖，以至现在红得一发不可收拾。现如今他主持的脱口秀节目《天天向上》深受观众的好评，除了呈现给观众积极向上的态度外，观众还能从中感受到开心快乐。这档节目的成功，汪涵功不可没。

如果仔细观察大家会发现，汪涵主持节目很有特点，有着汪氏独有的个性。

第一，汪涵在主持节目的时候，总是会用很夸张的言辞来表述。不论是同台的节目主持人，还是被节目组请来的嘉宾，在作出不到位的动作或者发出某种声音时，汪涵就会说出一种近似或相关联的夸张词语来调侃。比如《天天向上》中一位医生在模仿张学友时，手部的动作做得不到位，汪涵就问他：“你在画心电图吧？”

第二，汪涵在节目中喜欢开玩笑，尤其喜欢调侃人，比如遇到杜海涛，就一定要说他如何如何重、如何如何比常人不一般。

第三，汪涵会营造氛围。无论嘉宾是哪个职业领域的人，除了常规的问答外，他还会邀嘉宾去表演，把现场的气氛调动起来，还会连声叫好，营造一种欢乐的氛围。

第四，汪涵善于模仿。他经常在节目中模仿嘉宾，除了能够达到搞笑的效果外，还能让观众了解到演员“台上一分钟，台下十年功”的艰辛。

第五，汪涵经常会邀请观众。现场观众大多没有什么表演经验，被邀请到台上做游戏一定是笑料百出，这样既娱乐了观众自己，又让其他人跟着欢笑。

第六，会找笑料。笑料可是娱乐节目的关键，在一期《天天向上》中，汪涵“医生给自己做手术”的说法将气氛一下子推向高潮，不仅让台上的欧弟笑得前仰后合、不顾形象，就连在电视机前的观众也把肚子笑痛了，但是他却能够镇定自若，足见其专业性。

第七，汪涵随机应变的能力很强，能够及时把握节目的方向，让节目向着理性、积极向上的方向发展，不落俗套。

第八，汪涵擅长方言。在主持人这个圈子中，像汪涵这样懂得多个地方方言的非常少，所以在节目中时不时讲几句方言是他的独有绝招。在节目中使用方言与嘉宾说上两句，不仅拉近了与嘉宾的距离，还能给观众耳目一新的感觉。

汪涵之所以能成为湖南卫视的中流砥柱，靠的就是其自身独特的主持风格。他的笑声、动作、眼神，甚至每一句话都透露出一个属性，那就是：“我是汪涵。”

每一个讲话高手都具备同一种特征——熟知说话的技巧与艺术性。那么怎样才能像高手一样形成自己的讲话风格呢？

技巧指导

要想形成诙谐幽默的脱稿讲话风格，就应当懂得一些技巧，并熟练应用。

(1) 讲话时要有自己的独立性

相传在两千年前，燕国寿陵地方有一位少年。有一天，他在路上碰到几个人说说笑笑，只听得有人说邯郸人走路姿势那才叫一个美。他一听，急忙走上前去想打听个明白。不承想，那几个人看见他，一阵大笑之后扬长而去。邯郸人走路的姿势究竟怎样美呢？他怎么也想象不出来，这渐渐成了他的心病。终于有一天，他瞒着家人跑到遥远的邯郸学走路去了。一到邯郸，他感到处处新鲜，简直令人眼花缭乱。看到小孩走路，他觉得活泼、美，学；看见老人走路，他觉得稳重，学；看到妇女走路，摇摆多姿，学。就这样，不过半月光景，他连走路也不会了，路费也花光了，只好爬着回去了。

在日常生活中，我们常常会见到这种邯郸学步的人，他们总是模仿别人，但最终都以“东施效颦”告终，引人发笑。向他人学习长处是好事，但是不能盲目跟风，失去本我的特性，这样反而没有人会记住你。要用自己所特有的方式去说话，这样才能够形成自己的风格。

人们总是崇拜那些成功的演说家，因为他们的演讲中加入了表演的成分，他们可以直抒胸臆，用自己独特的方式吸引观众的眼球。但是，别人的风格是属于别人的，要知道世界上没有两片相同的叶子，每个人都是独立的个体，这一点一定要谨记。

(2) 找出自身的优势，善于运用适合自己的幽默

每个人都有优点，要善于发现自己的优点，找到它，让自身的优势发挥最大的功能。也许你话不多，但是每次说的时候都能够一鸣惊人，那么这就是你说话的优势。

你要记住，你就是你，做最真实的你，只要你拿出真诚的态度去对待别人，就会被大家所认可。要想成为一名成功的演讲者，这是你必须具备的素养。千万不要让自己陷入条条框框，抹杀自己原有的特性，只有最真实的你才能感染大家。

第三讲 / 节奏
让演讲摒弃单调，有声有色掷地有声

单调平淡的讲话不仅不能吸引听众的注意力，甚至会像催眠曲一样将听众催眠。要时刻抓住听众的眼球，成为众人的焦点，讲话时要保持抑扬顿挫、绘声绘色的语调，控制好演讲的节奏。

◎节奏让讲话更有吸引力◎

范例点评

在某所大学里有一场讲座，讲的是多媒体时代的局限性。在这个日新月异的时代，这个话题是很有感召力的，可是演讲者从开始到结束，全都是一个语调，完全没有起伏。同学们听得昏昏欲睡，有的甚至中途退场。事实上，语调是说话内容的代言人，它就像我们说话时的表情一样，具有你意想不到的感染力。比如，当我们与他人通电话时，我们是看不到对方的，只能通过他的语调来感受他的心情，如果对方语调热情洋溢，那么我们就能判断出他的心情很好；如果对方语调幽怨，那么他的心情一定很低落，这个时候你跟他开个玩笑的话，是不是就不合时宜了呢！

如果把一次演讲比作一首曲子，那么语调就是曲子的灵魂。所谓的语调，就是人们在说话时所发出的语气和音调，它包含了说话人的语言感情。语调是人们说话内容的一部分，它能够表达出比讲话内容更多的信息量。打个比方，如果你的语调是很真挚的，那么传达给别人的就是踏实、真诚的感觉，别人会更加信任你，同时也更能体现出讲话者对听众的尊重。

那些讲话高手不但可以塑造属于自己的独特声音，使声音成为自己的代言人，而且把说话的语调也拿捏得恰到好处，让人听了如沐春风。比如说，一个简单的语气助词“啊”，用不同的语调就能表达多重意义，它可能是问句，也可能是肯定句，还可能是在抱怨，不同的语调表达出来的感觉是不同的，语调的魅力在于：它让你的讲话丰富多彩、声情并茂。

生活中，很多人都没有意识到语调的重要性，他们觉得语调就像天生的嗓音一样，没什么值得研究的，也没想过要去改变。这些都是错误的想法，要知道错误的语调会传达给别人错误的信息，你明明是肯定别人的话，赞同他的想法，可是你的语调却带着轻蔑与不屑，这简直是太糟糕了，你想表达的内容也就失去了意义。演讲者总是挖空心思去完善和改进说话的内容，想让内容更丰富、更充实、更有吸引力，殊不知，错误的语调却能在一瞬间毁掉你所有的准备。简单的一句你好，就可以看出两人的关系——是朋友还是客户，是亲人还是恋人。如此众多的信息都存在于这一个简单的语调当中，要知道语调的辨识度大得出乎你的意料。

人在情绪低落的时候，语调自然平淡而没有波澜、苍白而无力；人在情绪高涨的时候，语调便生动而有趣、亢奋激昂。那么，你的语调又是怎样的呢，是波澜不惊，还是慷慨激昂？是平和舒缓，还是抑扬顿挫？在适当的场合运用恰当的语调，你的声音将是最美妙的音符。

如果说语调是美妙的音符，那语速就是华美的乐章中最重要的旋律。

要想树立自己的说话风格，做一个讲话有特色的人，请注意你说话的速度。生活讲究节奏，走路讲究节奏，而说话也是讲究节奏的。请控制你说话的速度，让自己做一个有节奏的人。说话的节奏体现在语速的快慢上，有快有慢，有起有伏，自然就会形成悦耳动听的节奏。节奏的变化才能体现语言的魅力，才能让你的讲话更加生动而有吸引力。

如果你希望展现在别人面前的是精明干练的形象，那么你的语言要尽量简短精练，语调上扬，语速明快。要知道影响说话节奏的有两个基本要素：说话的快慢和内容的繁简。倘若你说话的语速过快，别人就很难听清楚你的内容；倘若语速过慢，就会给人慵懒拖沓的感觉，让听的人着急。在日常生活的交流中，语速的快慢会直接影响信息传达的质量。

在开口说话时，要明确说话的目的，不做没有目的的表达。与人交流沟通时，语言要尽可能简洁精练，在有限的语言中囊括无限的信息，只有这样才能让你的语言具有节奏感，给人精明干练的感觉。如果你总是重复，说了半天都不知道在说什么，或是从一件事跳到另一件事，那么这些都会破坏你说话的节奏。

技巧指导

请先试着说这句话：“非常荣幸能够被贵公司邀请成为今天的首位演讲者!”你可以先用热情的声音说“非常荣幸能够被贵公司邀请”，然后稍作停顿，谦虚地说出下面的话，你一定能够得到意想不到的效果!但是，需要注意的是，假如你在长篇大论时，就要根据自己的音调来决定语言的节奏了，如果你的整场演讲都刻意地停顿、延长尾音，听众就会厌烦了，最终将导致演讲气氛下滑，达不到预期的效果。

那么怎样才能掌握好的说话的节奏呢？你可以参照以下方法。

(1) 把自己的声音录下来

讲话者所听到自己的声音是会说谎的，而想要知道自己声音是什么样的，你最好把自己的声音录下来。你会发现，录下来的声音跟自己平时听到的说话声音差别好大。嗓音变粗了？语速快得像是扫射机？语调也不是那么柔美？只有反复地记录，不断地认识自己的声音，才能更好地改变你的语速语调。

(2) 懂得迅速奔向主题

说话高手都有一个共通点，就是能够直接并快速地直达主题，让听众迅速了解他们的意思，而不是像有些人那样绕来绕去、旁敲侧击的，这样只会让听者一头雾水、不知所云。所以，对于你要说的话，表达一定要简洁，否则只会分散别人的注意力，让人不知道你要表达的重点是什么。

(3) 主题要明确

人们在说话的时候都有一个明确的主题，也就是你要表达的中心思想。如果你所说的话存在多个主题，那会是怎样的结果呢？事实上，要想讲清楚一个主题都很困难，更不要说多个主题了。除此之外，还有很多演讲者喜欢描述细节，我想这并不是一件坏事。但是你必须要注意的是，不要让细节抢了你主题的风头。倘若你在演讲时把精力和时间都集中在细节的描述上，那么要表达的观点就不能清晰地呈现给大家了。可不要妄想对方愿意深思熟虑你的细节，再深入解读你的观点，要知道大部分人是不会这样做的。所以，你的表达要让听众快速准确地抓住信息要点，这才是最重要的。

◎让声音远离平淡和单调◎

范例点评

声音是传达内容的媒介——通过你的声音可以知道你的情绪，声音是你展现自我不可或缺的工具。在上面我们提到，讲话高手的独特魅力在于，他们在日积月累中形成了自己标志性的说话风格，他们的声线各有各的特色，行为举止恰到好处，人们只要听到声音就可以判断出他们是谁，这就是特色之所在。

中国香港演员曾志伟，相信大家都不陌生吧，只要是他出演的电影，无论我是在擦桌子，还是在扫地，总是立马就能说出他的名字。独特的沙哑的音色，总让我们铭记于心。虽然声音的音色是没有办法改变的，但是声音的效果却不是一成不变的，我们说话的情绪、说话的状态都能影响声音的效果。当演讲者当众讲话的时候，会作出很多动作来辅助自己的表达，例如挥手、皱眉、嘴角上扬、来回走动、语速的快慢等。这些动作能够帮助演讲者更好地与听众交流，也就是说，声音的效果是受到演讲者自身情绪影响的，所以当众讲话的时候，一定要让自己变得热情。

可悲的是，随着年龄的增长，人们不知道从什么时候开始学会既定的交际模式了，说话不再直白，语言不再充满好奇心与活力，既没有了手舞足蹈，也没有了欢快的语速。其实大家失去了最本真的东西——鲜明的自我。每个人都有太多错误的习惯需要改正：说话太快或者太慢、讲话没有逻辑性。脱稿讲话者要做到的是说话自然，即要求你把自己的想法、思路完整、清晰地表达出来。当然，那些讲话高手绝对不会词穷，不会认为一句话已经无法再扩充，不会觉得换种表达方式就没有逻辑性。这些人总是爱钻研说话的技巧，喜欢把说出的话变得更动听。你要让听众感受到你发自内心的自信心，如果你的声音是虚的，暴露出犹豫、支支吾吾的情况，那么听众也会觉得你对自己所说的内容不坚定，那他还怎样去信服你并对你的讲话感兴趣呢？还有的人在讲话时张不开嘴，总是用鼻子发音，这样的声音是含糊不清的，给人不礼貌的感觉，要知道，人只有抱怨的时候才会用鼻子发出不屑的声音。最重要的一点是，最好不要夹杂地方口音，如果你确实需要用方言来表达，那么一定要事先跟听众有个交代，否则别人会在你的乡音中找不到方向。

技巧指导

怎样才能练就说话的技巧呢？这首先取决于你说话的“声音”，也就是你本身的性格以及你所处的场合所需要的情绪。一般而言，发音要清脆洪亮、掷地有声，表达清晰才能显得有自信，不做没有目的的表达，这样才能给听众一种从容感。那么怎样才能做到从容呢？你可以注意以下几点。

（1）音量大小要看场合

怎样控制说话的音量呢？你说话的时候是不是太轻声细语了，以至于大家都听不清你在讲些什么？当然，如果是和朋友细语心声，那再好不过了，你的声音太大反而会打破这悠闲的氛围。但是，如果你是站在台上面对众多听众，你还这样轻声细语，那你上台的目的是什么？所以，你的声音应该足够大，让在场的所有人都听得清楚。这是对听众的尊重，如果听众听不清你讲话的内容，即使你准备得再充分，主题再鲜明都是徒劳的。你的讲话是对公众说的，而不是自言自语。

如果讲话者的音量太低或者口齿不清，都会让听众觉得一头雾水，他们很有可能怀疑你的水准和你的态度。当然，也不能无限放大你的声音。有的人站在台上说话的时候，会用过高的声音控制听众，要知道过高的声音会让你看起来像一头咆哮的狮子。你那么具有攻击性，听众也会自然地形成一种防御心理，也就不会专心听你讲话了。这时，你还能完整地说出你的内容吗？要知道讲话不是你一个人的事情，观众时刻与你同在。

(2) 有轻有重，快慢结合

讲话要有重音，这是语言表达的基本要素之一，随着重音的变化，听众会更加清晰地理解你要表达的意思，平铺直叙只能让你的演讲平淡无味。当你要着重强调的时候，你就要适当地提高你的音量了，这样才能让听众分清主次，从而丰富说话的层次感。声音的高低直接影响听众的接受程度。当然，也不要一直保持较高的音量，持续的高音跟持续的低音效果是一样的，都有一个致命的缺陷：缺少变化。音量的变化是突出重点的工具，你要充分地利用它，要根据内容的不同来调节音量，这也是情绪的外在表现，做到抑扬顿挫就再好不过了。

在和别人聊天时，声音会像波浪一样高低起伏，这种状态是最舒服、最让人感到愉悦的，也是最自然的方式。但是，在做一些比较正式的讲话时，这些令人舒服、愉悦的感觉全都消失不见了，声音变得平淡而单调，就像潮汛退去的海平面，没有了一丝波澜。这个时候，你就要想想为什么会这样了。

语言是讲究技巧的，它的技巧就表现在讲话者在表达时情感的自然流露。市面上大多展示演讲与口才的书上把语言技巧分为四类：语意的停顿、重音的分辨、节奏的快慢和语调的高低。一些常见的演讲教材都对这四类分别做了归纳，分步练习。

其实，大部分教科书上把语言技巧分成这四个类别，只是基于理论研究的基础之上，并不适合实际训练的情况。在笔者看来，它存在几个缺陷。

A. 这种分类把讲话者的情感表达分解了

脱稿讲话的语言技巧是一个整体，而不是由部分组成的。比如，在运动会上，啦啦队员为运动员呐喊助威："加油！加油!"在说这个话的同时一定会鼓足底气，声音洪亮，带着焦急的心态，整个话说出来就包含了停顿、节奏、重音、语调这四个方面。在一句话中，这四个方面是不可能分开的，这才符合语言技巧的表达规律。可是一般的演讲教科书里，却把语言表达的技巧给分解开了，要求大家分别练习。例如，练习停顿，"你今天吃什么了"，那么就要求你分析这句话是习惯性停顿还是语法停顿，或者是强调停顿。要求大家先分清楚了停顿，然后再进行语调练习，你要先确定"你今天吃了什么"这句话的语调是平调、升调，还是降调。大家想一下，如果每次开口说话之前，都要一步一步地按照这种分门别类的方法进行分析，然后才能说话，恐怕人人都无法开口了。所以，给大家介绍一种方法来弥补一般演讲教科书中在语言技巧使用方面的不足，那就是用动作来帮助我们掌握节奏，找准重音。

前面说过，市面上的教科书将语言技巧的使用理论分为语意的停顿、重音的分辨、节奏的快慢和语调的高低，而且要求大家把这四个方面分开来进行练习，但是这样就肢解了情感的表达，而用动作表达法就能够避免这样的情况。一个动作就能将语言的停顿、重音、节奏和语调融为一体准确地表达出来。下面笔者举个例子给大家说明一下，以便于大家理解。

就拿“白天那么亮，夜晚那么黑”这句话来做例子。在说“白天那么亮”的时候，如果用一般教科书上的四个类别来分析，首先它的节奏应该是缓慢的，语调应该是下沉的，而重音应该在末尾的“亮”字上。倘若分开分析、分开练习是非常麻烦的。但是如果讲话者用动作表达法来练习，说话时加上动作，拇指和食指捏起来，眼睛看着手指捏合处，话音落到“亮”字的时候，手跟着说话的语气自然地晃动，这样就赋予语言真实的情感了，说出来的句子的重音、语调、快慢和节奏也就全部表现出来了。讲话者在说“这口气我一定要出”的时候，紧紧攥起拳头，再狠狠地一砸，那种咬牙切齿的“恨”的情感就表达得淋漓尽致了。

许多人运用动作表达法来练习语言技巧，都觉得非常实用。其中有一位体会者说：“用动作表达法来说话真的太好了，比如在朗诵诗歌的时候，再也不用费力去死记硬背哪个地方该停顿，到什么词用什么样的语调了，只要用动作表达法来做就会很自然地把自己的感情融入到诗歌中去，那些语音、语调、重音和节奏也自然而然地就说出来了。经过一段时间的练习，就能够抑扬顿挫地朗诵了。

B.容易在讲话中分心

众所周知，无论是生活中的讲话还是站在台上朗诵，都要高度集中精神，只有思维和情感高度集中在说话的内容上，讲话人才能获得成功。

大家在日常生活中经常说一心不可二用，就是说人的大脑不能同时做两种思考。头脑中要想着讲话的内容就无法再想着讲话的形式，要是想着怎样用更好的形式来表达就无法再思考讲话的内容。所以如果讲话者想要在面对公众讲话时一鸣惊人，就一定要一心一意地把心思放在讲话的内容上，不要去想怎样运用语言技巧。一旦你在讲话时想着什么时候该高音、什么时候该低音、重音是放在句首还是句尾、什么时候加快语速、什么时候放慢语速，那么你就已经开始分心了，已经从讲话内容中跳了出来，那么你的讲话也就缺乏了真实的情感。

这样的问题，每个人在起初练习说话时都会遇到，都会非常苦恼，因为在刚开始学习的时候，初学者都会参考很多演讲技巧的书籍，按照书上总结的理论去练习，从而养成了一个不好的习惯：拿到一篇稿子，先把句子的停顿、词语的重音、音调、节奏划分出来再进行练习。一上来就找这些技巧性的东西，反而让说话变得更加生硬，毫无情感而言。要知道重音的表达在理论上是没有错误的，但听起来却是生硬的、非常突兀的。整篇稿子读起来，到底在说什么，自己也不是很清楚，因为讲话者把精力都集中在了语言技巧上，后来在慢慢的摸索中，才能逐渐发现动作表达法。通过动作表达法来练习，可以不自觉地帮助讲话者加深印象，将注意力完全集中在要说的内容上，而不是只注重形式而忽略了最重要的东西，最终也才能把自己要表达的情感完整呈现给大家，久而久之就不再犯那个一拿到稿子就找重音、分节奏的毛病了。

前面提到在诗歌朗诵中可运用动作表达法，其实大家可以反过来看，如果在朗诵诗歌的时候，讲话者还要去找重音、节奏、语调，那么就会突然从诗歌的内容中跳出来，缺乏真情实感了。举个例子分析一下。

拿海子的诗歌《面朝大海，春暖花开》的第一句为例：“从明天起，做一个幸福的人。”如果用语调、重音来分析的话，那么朗诵这句话的语调应该是舒缓柔美的，重音放在“幸福”二字上，这时候就是空有技巧而没有内容的表达了。如果我们在说到“从今天起”的时候微微举起手，慢慢地把它放在胸前，这时候头脑中就会自然地浮现对幸福的憧憬以及对未来生活的向往。

◎打造掷地有声的声音◎

范例点评

加拿大麦克马斯特大学心理学系研究人员做了两个实验，他们征集了125名志愿者，给他们播放9位美国总统的录音，并把每位总统的声音做了处理，通过音频软件处理成高音和低音两种版本。志愿者要对他们听到的每个声音进行打分，评分项目有根据听到的声音判断这个人的吸引力、领导潜力、真诚度及管理能力等，最后分两种情况选出他们心中的总统，一种是在和平时期的，一种是在战争时期的。结果显示，实验对象给出的投票动机各有不同，但是9位美国总统的低音版录音明显击败高音版，成为更容易获得“选民”信赖的对象。

在第二项实验中，研究人员找来另外40个人，给他们听普通男性说话的录音。结果，实验对象还是把票投给了声音偏低沉的人。

1960年到2000年，在这期间的8次选举中，最后当选总统的人都是嗓音较低沉的。

研究报告在《进化与人类行为》杂志上发表。麦克马斯特大学心理学系博士生卡拉·蒂格说："实验结果表明，投票选举时，选民会把(候选人的) 声音因素作为一项投票标准考虑进去。"

早前的研究显示，嗓音低沉是由于体内的睾丸激素水平较高。蒂格说，嗓音低沉是拥有吸引力和支配力的表现。因此，在投票选举时，选民会不由自主地选择嗓音低沉的候选人。

"就算是在现代，也是这样。"她说。以英国前首相、玛格丽特·撒切尔夫人为例，她在大选之前进行演讲训练，让自己的声音听上去不那么尖利，从而为赢得更多选民的投票。

戴维·范伯格教授说："选民认为自己愿意把选票投给嗓音低沉的人，是因为声音低沉的人更具吸引力，但其实是因为选民在潜意识中感知到声音低沉的人更具支配力。"

在日常生活中，那些听起来浑厚、饱满的声音总能吸引大家的注意，也会更受欢迎，相反沙哑的破锣嗓子总是让人心生厌恶。

技巧指导

声音的训练可以加大讲话者的肺活量。氧气充足的人通常面色红润，肌肤较好；而肺活量低的人，也就是氧气不足的人，通常面色灰暗。其实，声音的训练不仅在演讲方面给大家很大的帮助，而且能对身心健康起到好的作用。那么怎样才能快速有效地掌握声音训练的方法呢？

（1）锻炼自己的丹田之气

俗话说练声先练气，气息是人体发声的动力。它是发声的基础，就像汽车上的发动机一样。发声与气息的大小有着直接的关系。气息不足，声音就绵软无力；但用力过大，又会损伤声带。

一般人呼吸的时候，是肺部的上半部分进行作用，肺部上半部分的气体反复与外界氧气进行交换，这就使得体内的浊气没办法排除干净。要知道，上半部分的气体只换回了一半的新鲜空气，那么下半部分的浊气就长期停留在肺部，没有办法排出体外，日积月累就会体现在讲话者的脸上，其身体也会越来越虚弱，导致说出来的话没有穿透力，单薄而无力，缺少力度和韧性。

那么怎样才能让说出来的话字字铿锵、掷地有声呢？这就要说到到练气了。所谓“练气”就是要把体内全部的浊气都喷吐出去，用换来的外界的新鲜空气取代体内的浊气，把外界的新鲜空气“抽”进肺的底部并保持住，然后再将浊气慢慢放出。那么怎样才能控制气息呢？这就要依靠我们的腰部力量了，控制气息的力量主要是通过腰部来实现的，用腰部的力量可以紧紧将外界新鲜的空气拽住并使气体下沉直至肺底。气在肺部沉得越深，底气就越足，声音自然就会变得洪亮有力。当气息下沉到肺部的底层时，人体就会得到更多的新鲜氧气，你的肤色自然也会变得红润、白净。练完声之后，讲话者会发现，整个人会感到格外清新，身体人也变得清爽、健康。

（2）吐字要清楚并正确发音

吐字清晰看似与发声没有关系，其实二者是息息相关的。只有在发音的时候做到清晰、准确，吐字才能“字正腔圆”。

大家在刚入学的时候，都会学习汉语拼音。众所周知，每一个字都是由音节组成的，而音节又是由声母、韵母组成的，每个音节还有音调。声母一般都由辅音充当，发音时多数气流不震动声带，声音不响亮。在普通话中，一共有 21 个辅音字母。要了解声母就必须要知道它们的发音部位。

发辅音的时候，气流在口腔中会受到发音器官的阻碍，气流必须突破这些阻碍才能发音。声母共有 7 个发音部位。

双唇音：发音的时候，上下嘴唇碰撞，形成阻碍，如 b、p、m。

唇齿音：发音的时候，上部牙齿与下嘴唇碰撞，形成阻碍，如 f。

舌尖前音：发音的时候，舌尖抵触上牙齿，形成阻碍，如 z、c、s。

舌尖中音：发音的时候，舌尖抵触上牙龈部位，形成阻碍，如 d、t、n、l。

舌尖后音：发音的时候，舌尖向上翘起，抵触硬腭，形成阻碍，如 zh、ch、sh、r。

舌面音：发音的时候，舌面抵触硬腭，形成阻碍，如 j、q、x。

舌根音：发音的时候，舌根抵触软腭形成阻碍，如 g、k、h。

第四讲 / 材料

让演讲脱口而出，有血有肉言之有物

胆量、气质、节奏只是成功演讲的助推力，真正精彩的演讲必须是有血有肉、言之有物、有据可循的，这就需要演讲者苦下功夫，准备充足的材料，让演讲不输在前期的资料储备上。

◎充分的知识储备让讲话言之凿凿◎

范例点评

要想在讲话时言之凿凿，充满信心，就要对你所讲的内容非常熟悉。戴尔·卡耐基先生说过："你要尽量去了解你所讲的内容，了解的程度要超过你所讲的40倍。"那么，这样做对演讲者的心理到底有什么帮助呢？坦博，美国的著名作家，她经常为了几页纸的文章去搜集几本书的资料。她说："我搜集到的资料虽然不一定全部会用到，但是我在写的时候就会很有底气，资料的储备能够让我的思路更加清晰，下笔流畅。"

一次公开课上，一个同学上台讲微博营销的重要性，她提到一个例子，xxx是微博营销的见证者和推动者。到了互动环节时，有人问她：“为什么说xxx是微博营销的见证者和推动者?”这个时候她就懵了，急得满头大汗，说话也不那么有条理了，最后直接说：“不好意思，我今天准备得不够充分，请大家原谅!”其实，她完全可以在搜集资料的时候找出xxx的微博，对微博的内容进行举例分析，这样既简单明晰，又言之有理。

到了下一次上课，她再次走上台，对上一次的讲课进行了补充。这一次她把内容进行了重新整合，并且举了大量实例，包括微博红人、明星、普通人等等。从她流畅的表述中，可以感受到她所投入的热情远远大于上一次讲话，整个人的控场能力强大了不少。下面的听众也是认真地听着，还时不时地点头回应。

从这件事就可以看出，对内容的熟悉程度是至关重要的，它能够让一个人讲话的心理状态及外在表现与平时截然不同。

技巧指导

增加说话的把握很重要，那么怎样才能做到言之凿凿呢？有以下三种方法。

（1）有充分的知识储备

对于那些职场中的人来说，其讲话一般都不会超出自己的专业范畴，因为其他行业的人也不会要求你做超出职业范围的演讲，那么你对自己行业的熟悉度有多高呢？要想成为行业的精英，你对自己专业知识的掌握到了什么程度呢？如果你想成为行业领域的领头羊，那么一定要对专业知识非常精通，这样你讲话时才会充满自信。更多的知识储备能够让你在讲话时从容自主，更有把握。平时应多学习，深入思考，多和同行人交流，这些都是非常有帮助的。

(2) 把看到的东西记下来

老师经常会说一句话“好记性不如烂笔头”，也就是说，在你读书、看报或上网的时候，一定不要只是看看就算了，因为看过之后就忘了，不会有什么太深刻的印象，随着时间的推移，你的印象会变得越来越模糊。你应该身边随时都备上纸笔，把当时感兴趣的事情记下来，或许是一条新闻，或许是一篇好的文章，或许只是脑子里闪过的一个想法。没事的时候你就翻翻曾经记过的东西，时间久了，这些记下来的东西就会转变为你讲话的最好素材。将这些素材时刻铭记在你心里，你讲话就会越来越从容，且根据这些素材，加上你的观点、你的想法，你的讲话将会更有说服力。

(3) 注意观察生活

合理使用谈话的素材，这样你在阐明自己观点时才会有据可依，好的讲话素材可以为你的演讲锦上添花，能够让听众有所思有所想，从而产生共鸣。当然，我们不仅要学会如何收集有用的素材，还要懂得怎样利用素材以达到你想要的效果。所以，这里所说的讲话之前的准备并不是普通的准备，而是你要时刻观察生活，注重细节，把生活中发生的每一件事都当作日后讲话的素材来收集，日积月累，生活中这些丰富精彩的内容就会成为你讲话的最大资本。只有把准备融入到我们的生活中来，这才是高级的准备方式。你的经历、别人的经历都是你日后讲话最好的素材，也是最宝贵的财富。

为了使自己成为一个优秀的脱稿讲话者，在面对生活时就一定不能马虎了事，更不能有无所谓的态度，也许你会觉得长时间地用笔记下一些事情很难坚持，但这是提高你讲话水平最好的方式。你得到的不仅仅是口才上的锻炼，你的思想、看待事物的观点也会更加成熟。所以，就从这一刻开始，注意观察生活吧，你一定会有收获的！

◎为讲话准备最好的材料◎

范例点评

比尔·盖茨曾应邀在母校哈佛大学2007年的毕业典礼上发表演讲，那次的演讲非常成功，赢得了阵阵掌声。演讲的时间只有25分钟，但是比尔·盖茨却花费了6个月的时间精心准备。2006年12月他开始为半年以后的演讲做规划，搜集资料，写草稿。他还为此精心制定了时间表，从选择主题、手写稿件，到修改、定稿，甚至包括演练的时间、讲稿各个小节需要的时间都在时间表上有了详尽的规划。初稿形成的时候，比尔·盖茨找来一位助手协助他，两个人就讲稿的内容、涉及的问题、各个环节可能出现的情况都进行了讨论，一起对材料进行整合、加工、提炼，准备出6份草稿。然后，他把草稿发给信得过的同事，让他们提意见，然后再进行修改，进一步完善讲稿内容。他认真得就像小学生一样。最终在毕业典礼上，比尔·盖茨与哈佛校友分享了自己创业的经历和多年的感悟，演讲的效果可想而知，这自然与他6个月的精心准备是分不开的。

俗话说，“巧妇难为无米之炊”，再心灵手巧的妇人，没有材料也做不出可口的饭菜来。讲话也是一样，如果你在讲话时没有好的内容去支撑，那么你的讲话将是一场空洞、枯燥乏味的节目。在生活中，大家会不会有这样的感觉，和一个人面对面的时候，不知道该说些什么的时候是很尴尬的，这就是因为讲话者的讲话材料不够丰富。要知道，材料是讲话时要运用到的理论依据，它可以是事件案例，也可以是你的感悟。讲话若是缺少了内容，就会没有说服力，不能感染听众。

“内容”是个哲学名词，指事物内在因素的总和，与“形式”相对。世界上的任何事物没有无形式的内容，也没有无内容的形式。内容决定形式，形式依赖内容，并随着内容的发展而改变。但形式又反作用于内容，影响内容，在一定条件下还可以对内容的发展起有力的促进作用。内容和形式是辩证统一的，它们是里和表的关系、肉和皮的关系。

“我在搜集资料的时候，总是要搜集多于我演讲内容十倍的资料，有的时候会更多。”畅销书《内幕》的作者约翰·甘德说。甘德先生曾经在写有关精神病院文章的时候，亲自去各地的医院跟院长、医护人员和病人谈话、聊天。据他的一位助手说，他们每天楼上楼下穿梭，从一栋楼到另一栋楼，最少也要走好几英里路。没过多久，甘德先生就搜集了好几个笔记本的内容，上面记满了大大小小的事件，有发生在病人身上的故事，有与院长的谈话内容，还有他自己的亲身感悟。他的办公桌上全是政府的文件、医院的报告，还有各种其他的统计资料。

但是，他最后整理出来的文章只有4个小短篇，既简单又生动有趣，可以称得上是很好的演讲材料。这4篇短文章的纸重也许只有几盎司，但他搜集的资料和用笔记本记下的那些珍贵材料却有30多磅。甘德先生为了这4篇短文章所付出的精力和搜集到的资料是远远超过最后的成果的。

技巧指导

经常会有人问这样的问题："有时候想表达事情的时候，会突然不知道用什么词或句子来形容、来表达。有时候是知道什么意思，不知道该怎么说。有时候说到激烈的地方，很想表达出来，结果说得前言不搭后语。这是不是因为自己的知识面太窄，身边沟通的人不多呢？怎样做才能有所改善？或者应看什么样的书？"

要想搜集大量的材料不是短时间能够完成的，应该在平时就养成随时搜集资料的习惯。所以建议大家这样做：

（1）随时记录

你在看书、看电视、浏览网页的时候，觉得那些典故、名人传记、轶事、名言警句有用或是读了有所感悟，就应用笔记录下来。在和别人聊天的时候，那些有意思的故事、有趣的经历，或者是灵光一闪的感悟，也要随时记录下来。不然，随着时间的推移，你脑子里的灵感或是闪过的想法就会越来越模糊，最终消失得无影无踪。现在是科技高速发展的时代，是多媒体畅行的时代，网络、手机为讲话者搜集资料提供了良好的平台，你需要的资料、相关的理论都可以在网上查到，还可以扩展到资料的相关背景，你在搜集的时候就要进行记录，久而久之，你说话的时候就会更有底气，这样才能把搜集到的材料变成你自己的。

(2) 自身经历就是最好的材料

卡耐基先生说过这样一句话："最好的演讲要花 10 年来准备。"他说："讲话要讲那些你有资格说的事情，可以是你的亲身体验、自身经历，也可以是你经过长久研究而得到的。不要只利用 10 分钟或是几天来准备，最少要花上 10 年的时间去准备，那才是真实的，说出来也会引起共鸣的故事。在你讲之前要想想它是否能让你自己感兴趣，要先感动自己，才能感动别人，要讲讲那些你非常想与听众分享的事。"只要是与你自己的家庭有关，或是你自身经历的童年记忆，又或是与你在校生活、奋斗经历相关的话题都易于引起听众的兴趣。俗话说"世上没有两片相同的叶子"，但是人人都有一个共同的心理，那就是对别人的事情感兴趣，别人生活在怎样的环境中，遇到过什么样的困难，之后又是怎样突破难关的，这些都会吸引每一位听众。

◎列好提纲，让讲话脱口而出◎

范例点评

2003年非典结束后，一位清华大学的女生为感谢全国奋战在一线的人做了一次演讲。她事先写了演讲稿，但是觉得念稿子显得不专业，所以把搞子放在口袋里开始背稿子，可是中间多次忘词，只能拿出稿子开始念，却搞得自己更加紧张，连读稿子都开始结结巴巴的。台下的人都为她捏了一把汗，每当她念错或是结巴的时候，底下的人都神情紧张。而那位女生也完全被紧张的情绪包围，挣脱不出来了。

对于上台脱稿演讲的人来说，做好充足的准备是缓解紧张情绪的一剂良药。就像士兵上战场一样，如果事先没有仔细检查过武器装备，心里是不会踏实的。卡耐基说过："演讲者只有做了充分的准备，才有自信的资格。"那么怎样才能做好充分的准备呢？

大多数人都认为，所谓的充分准备就是事先搜集好材料，然后写演讲稿，要么照本宣读，要么不适合读的场合就背诵下来。但背稿是不可靠的，尤其是面对众多听众时，讲话者的紧张情绪只会增加而不会减少，既要照顾台下观众的情绪，又要想着稿件的词，这样只会增加讲话者的心理负担。

美国有这样一位演讲家，在面对与他意见相左的人时，他总是能够抓住他们的眼球，吸引他们的注意力，让对方为自己鼓掌、喝彩。他曾说：“如果你要做一场重要的演讲，你一定要放下其他的事情，专心致志地与你的演讲独处，把要讲的内容反复斟酌，把它当作你生活的一部分。这样做的话，你无论是在喝茶，还是在逛街，或是在看报读书，那些与演讲有关的资料自己就会跳到你的眼前，身边的一切事物都是你取材的源泉，这些贴近生活的事例会让你更加自如。”要知道素材往往来源于身边小事，细微的小事往往会擦出硕大的思想火花。

技巧指导

丹尼尔·韦伯斯特说：“一切未经准备而站在听众面前的演讲者，都无异于裸体示众。”要想在说话时保持放松的心态，还是“先把衣服穿好吧”!

其实，那些拿出稿子来念或是在演讲时背诵的人，都不能算是真正意义上的演讲者。做好充分准备的人是不会这样做的，那么怎样才能做好讲话的准备呢?

(1) 列好提纲

老师讲课是要根据提纲来讲的，首先是什么，其次是什么，最后是什么，有条有理，这样才能让学生更好地吸收。那么讲话者在做演讲的时候也可以先列提纲。在搜集好资料后，列出一个讲话提纲，首先确立主题思想，其次选好材料，最后再确认结构，将这些都列在提纲里，而提纲就是你演讲稿浓缩出的精华。在演讲之前，看看提纲，大致理清要讲内容的顺序，这要比你念稿、背稿好多了。

如果事先做了深入的思考，思路一旦形成，都会有写下讲稿的想法。但是，你最好不要这样做，因为写出来的文字和说出来的是完全不一样的。当你写文章的时候，你总是用文字来考虑，这样就限制了你口语化的表达。如果把讲稿完整地写下来也会限定你说话的思路，这样你就不会再有更多的思考和想法了。写文章需要词汇优美，而书面语言的格式却会对你上台讲话有很大的局限性，会给你的讲话带来不必要的麻烦。下面来看一则小故事。

李云是某大学的学生，有一次她在全校面前做公开演讲，主题是有关亲情的。她一开始说话，台下就有人窃窃私语地说："她肯定是事先写了稿子然后背下来的，用的词语全都是书面语言，什么不辞辛劳啊、唉声叹气啊，还有'我临走的时候，妈妈站在门前一直张望，直到我的影子消失在夜色中'。"

这些修辞手法用得很好，如果是作为一篇文章来讲，读者也不会发出疑问，但要是作为一篇讲稿来说，就太奇怪了，这些过多的修饰讲出来会让人感觉太过夸张，听起来非常滑稽。整场下来，台下时不时地爆出阵阵笑声。本来这个亲情的主题是非常温情的，李云的故事也是很感人的，但就是因为她事先写了讲稿，把口语表达转换成了书面语言，效果就大打折扣了。

现在写文章用的是白话文，而说话运用的却是口头语言，不难发现，这两者还是有很大区别的。如果把文章中的语言搬出来直接用在讲话中，听起来就会有很滑稽、文绉绉的感觉，而我们讲话要做到的就是通俗易懂，讲者说得明白，听者也会听得明白。

著名的演说家马克·吐温说过："用笔写出来的东西不能用于演讲。用笔写出来的文章是文学性的，听起来生硬，没有弹性，更不能在你的口中做流畅、舒服的表达。讲话的目的是助兴，不是为了说教，一定要让讲话的语言变得通俗，脱口而出，朗朗上口，让它变成自然的表达，而不是生硬的套语，更不是文章中的那些优美的修辞。不然，你的讲话就会让人烦躁、焦虑，而不是让听众产生共鸣，也无法让大家感兴趣。所以，讲稿是不能靠笔写出来的。笔写的东西非为讲演之用，它们的形式是文学的，它们生硬、无弹性，不能让你借着唇舌做活泼、流畅的表达。语言的目的是要助兴，而不是说教，你得让它们变得柔软、松散、朗朗上口，并将其形成一种没有预谋的自然谈话方式。否则，讲话本身便会烦死一屋子人，而不是让他们感兴趣。"因此不能写讲稿。

有位著名的演讲家说过："要深入思考你的主题，慢慢理清思路，才会日渐成熟，然后把这些思路变成文字，用简单的文字把想法捆绑住，一条一条地列出来，这样逐条分析，逐条整理，会使你的思路更加清晰明朗，也更加容易掌握。慢慢地，这些松散凌乱的思路就会变得有条理、有秩序。最好的方法就是列出一个提纲，按照你要讲的思路写出各段落的标题，然后在每个标题下面简单地写出一些关键词、要点语句、一些要讲的重点，还有你想举的例子等等的。如果你要做一个很长的演讲，你怕内容太多或者害怕漏掉某个要点，你可以看一下这个提纲，这样就能避免说话次序混乱，或者漏掉一些重要的内容了。如果是非常简短的讲话，就可以直接在头脑中思考，提纲都可以省略了，大致在头脑中理清思路后自由发挥就可以了。列提纲最符合人日常讲话的姿态了，每个人都可以尝试这种方法。

(2) 提前演练几次

想必大家都会有这样的经历，在正式讲话之前做一些预演。一次，小李去电视台办事，在电梯里碰到一个人，他手里拿着一张纸，时不时地低头看，嘴里还念念有词。小李想他应该是即将上节目的主持人吧。电梯里大概有七八个人，可是他在电梯里却旁若无人地说着开场白，包括神情、动作、语调也都反复地练习、纠正。他显然把身边所有人都当成了观众，这样的预讲是很有必要的，它能够降低人内心的抵触情绪，缓解心理的紧张感。

有专家认为，你在办公室或休息区看讲话提纲或笔记，这不是预讲，而是练习。演讲者不能只坐在房间里背诵讲稿，一定要去预演，真正地去模拟演讲的状态，这样才能达到预演的目的和效果。预演能够把你的注意力从讲话的内容转移到与听众的互动上去，这就是预演和练习的不同之处。就好比话剧演员，他们在正式登台演出之前都要反复在舞台上进行演练，找准位置，调整状态，这才是预演。专业的话剧演员都要进行预演，何况是站在台上发言了。如果没有预讲这一环节的话，就会像话剧演员没有穿上服装就上台一样，总觉得没有入戏。当然，预讲的时候，台下应该有观众，这样你才能找到上台的状态。别忘记，当你真正站在台上的时候，观众也是坐在台下的。

比尔·盖茨曾经在母校哈佛大学做过一次演讲，在正式上台演讲的前两周，他开始着手准备，每天在自己办公室的小讲台上反复演练，一次又一次地模拟上台演讲的状态，一次又一次地揣摩讲话的内容。他不仅把自己要讲的主题内容及相关材料烂熟于心，而且将即将上台演讲的语气、动作手势，甚至语句的停顿、语速的快慢都了然于心。据《华尔街日报》报道，就在演讲前一天，比尔·盖茨还“在去波士顿的私人飞机上进行预演，他给自己的妻子大声朗读，不断地在妻子面前演练，让妻子帮助他矫正措辞、神态、语气等”。

有好多人都认为预演可以对着镜子讲，这样能看到自己的动作、神态，但是笔者并不赞同这样的做法。你想想你对着镜子讲，也就是对着自己讲话，就会注重自己外在的东西，从而忽略了内容。其实，当你真正站在台上讲话的时候，你是对着大家讲话，而不是对着自己，有好多人都觉得对着镜子讲话也可以达到预演的效果，其实结果恰恰相反。要知道镜子里面的自己与脱稿讲话时候的自己，无论是所处的环境还是自身的状态都是完全不同的。如果对着镜子讲话，那么你始终都是在对着自己讲，你发出的声音的接受者是自己，可当众讲话的时候，讲话者发出的声音的接受者是别人，所以说对着镜子讲话达不到预演的效果。讲话者当众讲话是要给别人听的，对着镜子练习只能纠正自己的神态、动作、手势等问题，并不能起到好的预演效果。

真正站在台上讲话的时候，人的大部分精力都会集中在内容上，这些外在的形式只是起到一个辅助的作用。所以建议大家，一定要对着别人讲，让任何可能的人成为你的临时听众，可以是同事、家人、朋友，甚至是在公园散步的老人、在长椅上嬉戏的孩童。你讲话的方式可以是聊天，是否正规都无关紧要。你说话的时候要注意观察别人的眼神、倾听者的反应，以及他关注你讲话的侧重点是哪里，然后从别人的反应中找到自身讲话的优缺点。也许你讲的重点内容别人没有在意，可是一些几句带过的内容却让他苦苦追问，那些容易被自己主观意识忽略掉的重点在这个时候都会被发现，这对你以后的正式讲话有非常大的帮助。也许对方并没有意识到你是在做预讲，这时你就成功地做了一次“没有预谋”的演讲。要知道，亲切自然的谈话方式才是最佳状态。

(3) 语言要具体

曾听过这样一则故事：有两个人到四川去旅行，想着吃点有特色的东西，在街上逛了一会儿，看到一家名为“四川风味面”的招牌，两人正商量着要不要进去，其中一个人说：“旁边有一家‘酸辣面’，我们去吃这个吧！”结果两人放弃了四川风味面，原因就在于不知道“四川风味面”到底是什么，可是酸辣面就不同了，直接描述出味道，有让人垂涎欲滴的感觉。同样，在演讲的时候，你的语言一定要清楚明了，不要含糊其辞，没有人愿意花那么多时间去思考你的深意，所以表达直白很重要。如果我们是做书面表达，那就不同了，因为书面语言更注重句子的逻辑性和词句的修饰，但如果我们是在做口语表达，那么过多的修饰和复杂的逻辑就是多余的。

◎别让语言成为沟通的障碍◎

范例点评

什么是讲话的通俗性？脱稿讲话的通俗性指的是语言内容浅显易懂，符合大多数人的水平。例如，有的人讲话生动活泼，让人一听就明白是什么意思，表达上也做到深入浅出，语言大众化，这样人们的接受度就高。

小李从小就有当电影导演的愿望，所以大学时毫无犹豫地报考了导演专业。寒假回家的时候，他滔滔不绝地跟亲朋好友讲着电影，还说“每一部电影的激励事件都是经典”。家人很困惑：“什么是激励事件。”小李这才解释起来：“激励事件是电影中第一重大事件的发生，也就是我们所说的事件的起因，比如说我们看过的杨千嬅与余文乐主演的《春娇与志明》，这里面的激励事件就是春娇的妈妈过生日，但是身为春娇男朋友的张志明却把这件事给忘记了，也就导致了后面两人争吵等一系列事件的发生。”经过小李的解释，家人才明白激励事件是怎么回事。

小李在表述上最大的问题就是：使用专业词汇，而这些词汇只有某一特定领域的人才听得懂。还有一些行业的英文缩写，比如说 AE、PM，这些缩写恐怕只有传媒、公关人士才知道吧。像这样的行业缩略词汇数不胜数，这些由首字母组成的语言，对于那些不熟悉的人来说，就像鸭子听雷一样，倾听者听不懂你说的是什么意思，可能也不会对你发问，一般都会随声附和，然后把注意力转到其他地方，或是直接微笑着走开。所以，你在使用专业术语的时候，要确保你说的东西别人可以听得懂。如果你所说的话，别人不能够理解，或是超出了别人知识的范畴，那么无论对于你还是听者来说，这都是非常悲哀的事情。其实，你只要稍微留意一下，就可以避免这个问题。把语言变得通俗易懂是有很多好处的，首先沟通上不再有障碍，其次还能有效地节省时间和精力。中国的语言博大精深，表达方式也大不相同，所以要用最通俗的语言来表达你的观点和内容，而不是自认为别人都能理解你的话，表达要清晰简洁，不要让语言成为你与别人沟通的障碍。

有一个医学院的学生在课堂上讲课，他是这样开始的："横膈膜如果用来呼吸的话，可以帮助我们的肠子蠕动，这对我们的健康是非常有益的。"这时候老师打断了他的话，问道："有人听懂他说的话了吗?"结果所有的学生都异口同声地说："没有。"老师就说："你把刚才说的话重新解释一下，再继续说。"于是那个学生解释道："横膈膜是位于胸腔下部和腹腔顶部之间的一种很薄的肌肉，它是可以伴随着呼吸而变化的。用胸腔呼吸的时候，横膈膜就会被压缩；用腹腔呼吸的时候，向下的推力会使横膈膜成为一个平面，这时候肠胃就会受到横膈膜的挤压，这种挤压能够帮助按摩和刺激胃部、肝脏等器官。

当讲话者向外呼出气体的时候，也会有同样的推力向上挤压横膈膜，这样就相当于给胃部等器官做第二次按摩，这对身体是非常有益的。它能够促进肠胃的蠕动，帮助人体排泄。”听过这位同学的详细解释之后，大家都明白了。其实，在生活中，很多人讲话时都会出现这样的问题，即在说自己领域内的东西时，忽略了他人的认知，以为别人都会知道这件事情，从用专有名词一带而过了，殊不知，外行人听得一头雾水。

其实有许多人在演讲的时候都忽略了这一点，不是因为他们欠缺专业知识，而恰恰是因为他们忽视了这一点，对自己熟知的领域大谈特谈，完全忽略了台下的人。所以，你在演讲中大量地使用专业词汇，会导致外行根本听不懂是什么意思，只会听得一头雾水。

技巧指导

其实，这种情况不仅会出现在演讲中，只要是从事不同工种的人在谈话时都会存在上述问题。人们在说话时往往会过滤掉这一点，而这种忽略却使谈话失去了意义，因为别人根本不知道你在讲些什么，自然也不会感兴趣。所以，如果你想让大家对你的话感兴趣，如果你想让自己说的话能够被大家理解，就必须使用通俗易懂的语句，抛开你的专业领域，不要再讲那些别人听不懂的专业词汇了，让你说的话简单明了，别人一听就知道是怎么回事，这样你才能达到说话的最高境界。那么怎样才能把话说得通俗易懂呢？

（1）举出恰当的例子

一位冰箱除霜器的销售人员在推销产品时，他所面对的大部分是家庭主妇，那么在告诉她们冰箱为什么要除霜时，销售人员可能会说："冰箱的冷冻原理就是蒸发器从冰箱的内部来吸收热量，然后把热量散发到冰箱的外面，这样被吸出来的那些热量伴随着湿气附着在蒸发器上，就会形成一层很厚的霜，最终会导致蒸发器绝热，使得马达加速工作。"如果这样解释，相当于什么都没说，因为消费者是难以理解这些原理的。你可以换一种方式，举个例子试试，不妨这样说："蒸发器的作用，就像抽油烟机一样，能够把冰箱里的热量都吸出去，使得冰箱内部的温度降低，从而达到冰冻和保鲜的效果。我们的冰箱用久了，都会形成很厚的霜，这些霜都是结在蒸发器上面的，随着时间的推移，霜会越来越厚，最终导致蒸发器与冰箱内部的空气隔离，蒸发器就没有办法再吸走冰箱内部的热量了。这个时候，冰箱的马达只有加速运转才能保证冰箱能够冷冻东西，这样的话，我们冰箱的寿命就会减短。所以，为了延长家里冰箱的使用寿命，可以在冰箱内安装一个自动除霜器，这样就会方便很多。"

（2）说话精练简短

老舍说过："简练就是话虽然说得少，但是意思包含得多。"也就是长话短说。现在很多领导都具备"长话短说"这项技能，比如美国总统奥巴马在竞选的时候是这样开场的："如果有人怀疑美国是个一切皆有可能的地方，怀疑美国奠基者的梦想在我们这个时代依然燃烧，怀疑我们民主的力量，那么今晚这些疑问都有了答案。学校和教堂门外的长龙便是答案。排队的人数之多，在美国历史上是前所未有的。

为了投票，他们排队长达三四个小时。许多人一生中第一次投票，因为他们认为这一次大选结果必须不同于以往，而他们手中的一票可能决定胜负。”

这短短的几句话包含了太多的意义：美国是一个一切皆有可能的地方，也就意味着人人竞选平等；黑人同样可以领导美国，奥巴马带着拯救世界的梦想，和每一个美国人民一样；每个人都有投票的权利，都有决定谁是总统的权利，这一票是多么重要，也许就可以改变一个民族的命运。最终，奥巴马成功担任美国总统，可见，对于一个成功的演讲者来说，长话短说是多么重要！

现在很多语言大师都认为，话不在多，说出重点才厉害。能够用最少的语言表达更多的内容和意思，是说话的最高境界。出口成章、侃侃而谈是本事，善于总结、一语中的更是一种水平。要知道，美国历届总统的公开演说都简言意赅，很多都被作为学习的范例，现在的演讲培训课程中就广为流传着他们的就职演说词。

(3) 不要夸夸其谈，中肯实在才能赢得人心

其实，当众演说不一定非要讲究时间的长短或是语句的长短，最关键的是要中肯实在，讲话简洁不仅仅是长短的问题，如果能做到让听众感同身受，句句都说到听众心里去，那就是高手中的高手了。要知道，那些夸夸其谈的空话听起来实在没办法让人信服，大家喜欢的是说中肯的话，做实在的事，对于那些官腔、套话，大家都是不屑一顾甚至嗤之以鼻的，这简直是在浪费大家的时间。

◎认清自己的角色再开口说话◎

范例点评

2008年是每一个中国人都难以忘记的一年，这一年北京奥运会隆重开幕。在开幕式上，北京奥组委主席刘淇、国际奥委会主席罗格分别致辞。刘淇作为北京奥组委主席，是这样开始他的致辞的：

尊敬的胡锦涛主席和夫人，尊敬的罗格主席和夫人，尊敬的各位来宾，女士们、先生们、朋友们：

今天，来自奥林匹亚的圣火跨越五大洲、四大洋，将在这里熊熊燃起。在这激动人心的历史时刻，我谨代表第29届奥林匹克运动会组织委员会向来自世界各国家、地区的运动员、教练员和来宾表示热烈的欢迎！向国际奥林匹克委员会、各国际单项体育组织，向参与奥运会筹办的建设者和工作者，向所有关心、支持北京奥运会的朋友们表示衷心的感谢！

举办奥运会是中华儿女的百年梦想。七年前，十三亿中国人民与奥运有了一个美好的约定。从那时起，在国际奥委会的指导帮助下，中国政府和人民满怀激情，以最大的努力实践“绿色奥运、科技奥运、人文奥运”理念，认真做好筹办工作，兑现向国际社会作出的郑重承诺，使奥林匹克精神在中华大地得到了更广泛的传播。

在我国四川发生特大地震灾害后，国际社会和国际奥委会的支持和援助使中国人民感到温暖，也使我们增强了重建美好家园，办好北京奥运会的信心。

奥林匹克运动的魅力在于她的巨大包容力。今天，全世界204个国家、地区，不同民族、不同宗教信仰的人们相聚在五环旗下，增进了解，加深友谊，共同奏响“同一个世界，同一个梦想”的乐章。

奥林匹克精神的真谛在于追求以人为本，实现人的自我超越和自我完善。每一位运动员都将在公平竞争的环境中，展现精湛的技艺，迸发参与的激情，创造心中向往的辉煌。

北京奥运会的重要使命在于促进世界各国文化的交流。我们真诚地希望，中华民族悠久的历史文化、充满生机活力的城市和农村、热情好客的人民，能给朋友们留下美好的记忆。

朋友们，北京欢迎您!

而罗格的致辞却是这样的：

中华人民共和国主席先生，刘淇先生，奥组委的成员们，亲爱的中国朋友们，亲爱的运动员们：

长久以来，中国一直梦想着打开国门，邀请世界各地的运动员来北京参加奥运会。

今晚，梦想变成了现实，祝贺北京!

你们选择“同一个世界，同一个梦想”作为本届奥运会的主题，今晚就是这个主题的体现。

我们处在同一个世界，所以我们像你们一样，为四川的地震灾难而深感悲恸。中国人民的伟大勇气和团结精神使我们备受感动。

我们拥有同一个梦想，所以希望本届奥运会带给你们快乐、希望和自豪。

各位运动员，我们的创始人皮埃尔·德·顾拜旦是因为你们而创立了现代奥林匹克运动会。奥运会属于你们。让奥运会成为运动员的盛会。

请大家牢记，奥运会不仅仅意味着比赛成绩。

奥运会还是和平的聚会。204个国家和地区奥委会相聚于此，跨越了民族、性别、宗教以及政治制度的界限。

请大家本着奥林匹克的价值和精神，即卓越、友谊和尊重，投身于比赛。

亲爱的运动员们，请记住，你们是世界青年的楷模，请拒绝兴奋剂，向作弊说不。

你们的成就和表现应该让我们感到骄傲。

当我们把奥林匹克梦想变成现实之时，我们要诚挚地感谢北京奥组委，感谢他们不辞劳苦地工作。我们还要特别感谢成千上万、无私奉献的志愿者们，没有他们，这一切都不可能实现。

北京，你是今天的主人，也是通往明天的大门。感谢你!

现在，我荣幸地邀请中华人民共和国主席先生宣布第29届现代奥林匹克运动会开幕。

看了他们两位的开幕式致辞，大家可以知道，虽然同是奥运会开幕致辞，但是由于两人此次参与奥运会的身份不同，所以讲话的内容也有很大的不同。刘淇的身份是北京奥组委主席，在北京奥运会开幕式上所扮演是东道主的角色，是承办方的角色，而罗格所扮演的角色是上宾和主办方的角色。两个人的角色定位不同，说什么样的话就显得尤为重要了。所以，从刘淇的致辞中可以看出，他的讲话主要是站在东道主的角度上，以感谢、展望、祝愿、欢迎为主，而罗格的致辞主题是以贵宾的身份表示祝贺、感谢。他们两人的致辞都非常符合各自扮演的角色与身份，显得大方、得体、言辞中肯、号召力强。

不难看出，认清自己的角色再开口说话是多么的重要，要明确自己的角色定位进而确定自己讲话的主题，这样才是有目的的表达、有意义的说话。一旦主题明确了，那么讲话的线条就会很清晰，只要沿着这条主线来讲，一定不会出错。

技巧指导

在国外，一些演讲学家把演讲带来的好处大致分为四种：一是说服别人或者号召大家采取某种行动；二是纯粹地说明或者阐述某种情况和观点；三是加深大家的记忆，引起群众的共鸣；四是单纯地为了娱乐。也就是说，只要你开口脱稿讲话，你就要明确自己要讲什么，要确立自己的主题，明确自己的定位。那么，怎样才能做到这一点呢？

(1) 明确你的讲话对象

其实在生活中，每个人都应该掌握与不同谈话对象说话的技巧。大家可以参考以下几点：

第一，在与比自己地位高的人谈话时，要不卑不亢，保持自身的个性。要有独立思考的意识，不要一味地做一名只会说“是”和“不是”的“应声虫”。

第二，在与地位低于自己的人谈话时，要保持庄重。在与一个地位低于自己的人谈话时，你要表现出亲和的姿态，不要突然打断别人的话，要耐心地听，让对方觉得你很尊重他，而不是摆出一副“支配者”的面孔。比如，当领导在和下属谈话时，可以适当地倾听下属内心的想法，适当地作出夸奖，但是切忌讲话太多，也不能显得太过亲密。

第三，与后辈谈话的时候应该沉稳。在他们面前，你是前辈，也许他们的思想更加前卫，但是也没有必要降低自己的身份。不要摆出一副高姿态，认为自己是前辈就滔滔不绝地讲大道理，让人生厌。可以跟他们谈一些当下的话题，让他们切身地体会到你也是紧跟时代潮流，并且愿意站在他们的角度看待问题的，这样谈话就会变得轻松愉快了。

第四，在与长辈交流的时候，要保持谦卑的姿态。生活中长辈们常会说：“我吃过的盐比你吃过的饭还多。”大家听到这样的话都会不服气，其实这是有道理的，长辈们虽然接触的新事物少于我们，但是他们的生活阅历比我们丰富得多。这也就是为什么会有一句话叫作“姜还是老的辣”，所以在跟长辈交谈的时候，一定要保持谦虚的态度。

处于什么场合就说什么样的话，这是大家在人际交往中长期总结的经验。说话者选择的话题、双方对话题的理解以及观点都与说话的场合密切相关。面对同一个话题在不同的场合下，谈话者的初衷、谈话的方式都有可能有所不同。所以，要充分利用场合环境所带来的优势，争取做到到什么山头唱什么歌。

讲话者要明确的一点是，当你在众人面前讲话的时候，面对的是不同职业、不同经历的人，所以要说不同的话，要做到因人而异、区别对待。

在说话之前，你要看看对方是什么角色，这直接决定着你说什么、怎么说。我们通常说的“演讲”和“讲话”界限不是那么清晰，因为这两者的形式是相同的，都是面对众人发言，可是二者的性质却是大大不同的。演讲指的是针对一些社会文化问题来表明自己的意见和阐明某些观点，演讲是既要“演”，又要“讲”，也就是说，不但要开口说话，还要带有表演的性质。演讲是带有一定艺术性特征的，但是讲话在表达形式上会更倾向于通俗易懂、中肯实用。

(2) 说话要根据场合情景而有变化

通常所说的“讲话”是指那些针对工作上的事情而发表的当众演说，这样的当众演说更具针对性，既要学习演讲当中的一些技巧，又要做到与讲话场合的协调统一。每一个人都在不同的环境中扮演不同的角色，比如在家里你是女儿、在工作中你是职员、在和朋友相处中你是一个开心果。所以，每个人在社会上、生活中、家庭里都在扮演不同的角色。讲话者身处什么样的环境、面对什么样的对象，就在扮演着什么样的角色。

所以，每次你在不同的场合讲话时，其实那不是真实的你在讲话，而是你所扮演的那个角色、当天所拥有的身份在讲话。见什么人说什么话的人很多时候会被人以为太世故、太圆滑，其实不然。所谓见什么人说什么话，是要我们摆正身份，在孩子面前就要说大人的话，在客人面前就要说主人的话，在领导面前就要说职员的话。要记住，你所说的话要符合你的身份，讲话不能凌驾于你的身份之上，按照自己的身份、角色去讲话就不会犯错。

第五讲 / 头尾

让演讲凤头豹尾，有始有终印象深刻

脱稿演讲中，一定要注重开头和结尾的语言表达，不同的表达会带来不同的效果。幽默、精彩的开头，最能迅速吸引听众的注意力；完美精湛的结尾，更让人回味无穷，给人留下深刻的印象。

◎好的开端，是成功演讲的一半◎

范例点评

有了好的开端，你就已经成功一半了。作为演讲者，无论你准备了多少演讲内容，演讲最开始的 3 分钟都是最重要的。千万不要小看这短短的开场白，它是决定你接下来所说的每一句话效果的关键。听众会根据讲话者给他们留下的第一印象来决定要不要继续聆听。因此，只有独具匠心的开场白，才能够以其创新、奇特的独有魅力吸引听众，才能给听众留下深刻印象，才能控制住场上气氛，从而为接下来的讲话做好铺垫。

毛主席曾在1957年到苏联进行访问，在访问期间，他到莫斯科大学看望中国留学生。他在莫斯科大学发表演讲的时候，是以三个问题作为演讲的开场白的。第一个问题是："在座的同学们有没有湖北人?"台下的学生大声说有。毛主席回应说："我游过你们的长江。"第二个问题是："在座有没有湖南人?"台下的同学大声说有。毛主席回应说："我游过你们的湘江。"第三个问题是："在座的同学有没有广东人?"同学们大声说有。毛主席回应说："我游过你们的珠江。"现场响起雷鸣般的掌声。毛主席用这三个问题作为演讲的开场，一下子就缩短了与学生之间的距离。毛主席和在座的各位留学生的距离大大缩短了，并且瞬间抓住了留学生的心，让大家聚精会神地听他的讲话，而不是在怀疑、忧虑和担心中听演讲。要知道这两种情况的效果是截然不同的。

俄国大文学家高尔基说："最难的是开场白，就是你要说的第一句话，就像做音乐一样，整个曲子的音调都由最开始的基调决定，看似平常却又得花好长时间去寻找。"高尔基的这几句话包含了两层意思：第一，演讲的第一句话非常关键，它的作用如同音乐的"定调"，决定着"全曲"的定位和风格；第二，合适的开场白不是那么容易找到的，它需要经过长期积累和斟酌钻研才能够获得。

首先要分析听众的心理问题。一般来说，听众坐在台下听演讲都会关心三个问题。

第一，演讲者主要讲什么，听众想了解演讲的内容是不是他们所关心的，是不是他们所需要的，是不是他们所感兴趣的。

第二，为什么要听你讲。说白了，演讲者有什么资格跟大家讲，他讲的内容是否具有权威性、专业性和可行性，且怎么才能体现出来这些。比如说，演讲者在某个领域认真研究了 5 年甚至 10 年，这证明了演讲者的专业素质；提供一些业绩来证明客户因为演讲者而成长、改变，提升工作效率、提高收入；演讲者若讲述自己被一些知名媒体采访过，就用第三者见证来说明；或者，也可以以工作的年限证明自己拥有足够的经验来做演讲。

第三，每个人都关心自己，你在讲话的时候要先想一下自己讲的话对别人有什么好处、跟别人是否有关系、别人能不能接受。如果你拿到一张自己与他人的合影，你首先看到的人是谁呢？当然是自己。所以在讲话的过程中要时刻告诉听众听你的讲话有什么好处、你能给听众带来什么，这才是开场白应该有的效果。

如果你脱稿讲话的开场白能够解决上述三个问题，就可以很好地拉近你与听众的距离，在双方之间建立信赖的关系，同时引起听众的兴趣。

技巧指导

一段精彩的开场白有三个作用。第一，吸引听众的注意力，激发听众的好奇心；第二，概述你演讲的主要内容；第三，向听众阐明听你演讲的必要性。那么什么样的开场白才能做到以上三点呢？你可以参照以下方法。

（1）一定要多多说出赞美的话

每个人都希望自己被认可，都希望能够受到他人的赞美，如果你一开场就去赞美听众，就可以很快拉近台上台下的距离，也能快速调动现场的气氛。要想让赞美之词显得中肯亲切，就要注意几个问题：第一，要提前做好准备，不能随机赞美，要事先大致了解一下听众，这样才能做到有针对性地赞美，而不是那种大家一听就觉得厌烦的空泛赞美；第二，要明确一点，你的赞美全是为了让你的听众有存在感，要让他们觉得自己很重要，这样才能抓住听众的心。

赞美的方式又可以分为两种：一种是直接赞美；一种是间接赞美。先来说一说直接赞美。

有这样一位领导，他在慰问基层的时候这样开场：“非常高兴能与大家见面，我曾经去过很多地方考察、慰问，还从来没有遇到过像你们这样热情的朋友。谢谢你们这样积极热烈地欢迎我。你们是我遇到的最热情、最亲近、最优秀的朋友，让我们把最热烈的掌声送给自己！”

这位领导的赞美语言就属于直接赞美，这样简短的几句话过后，现场立刻活跃起来，大家都不那么拘谨了。听众都觉得自己与领导没有了距离，领导也没有架子，就像老友一样跟自己打招呼。他们觉得自己站在了平等的位置上，受到了尊重，自然就愿意听，也会认真听！

如果说直接赞美能够直接打动人心，那么间接赞美或许就是在婉转中更加打动人！

一个公司老板去一家同行公司做交流，他在演讲的时候是这样开场的：“非常高兴能在这里和大家做交流，在我来到贵公司之前，你们的老总一再地跟我说，今天来参加会议的都是公司的顶尖人才、中流砥柱，他提醒我一定要做充分的准备，不然会被台下起哄的。所以，我到现在都有一点紧张，即使昨晚我已经在宾馆演练了无数次。”说到这里，公司精英们都笑了，他接着说，“我希望今天跟大家分享的内容你们能够喜欢，也希望大家能够在我的分享中得到一点帮助、有一点体会。如果我讲得不好，还请大家多多包涵！”

这个公司老板使用的就是间接赞美法，他没有直接夸赞公司的职员有多么优秀、多么有才华，而是借企业老总之口间接地告诉大家“你们是精英”，这样做不仅能够让职员们感到自己形象高大，还间接地帮职员与公司老总拉近了关系，让职员了解到他们老总的想法，一石二鸟，何乐而不为呢？

要知道，每个人都需要赞美，身为领导，更要学会去赞美别人，赞美是一种尊重，对听众的尊重，这样才能给自己的讲话锦上添花！

(2) 学会在开场讲个小故事

只要与你演讲的主题相关，动人的故事人人都会喜欢。不论是哪种类型的演讲，以故事开篇都会给人留下深刻的印象。

一位大学生用下面这个故事开始了他的演讲：“加利福尼亚急诊护士提姆·杜菲尔成了一位英雄，他的成功不是因为他救助了伤患，而是因为他在关键时刻营救了一位急诊医生。当时的情况是这样的，有一位患者对急诊科的医生有所不满，突然向三位医生开枪，导致一位医生头部和胸部中弹，另外两位医生擦伤。杜菲尔勇敢地扑向持枪的患者，救出了奄奄一息的医生，并且迅速送往急诊手术室进行救治。”

一个简单的故事，直接道出主题!

以故事作为演讲的开场白，不需要太多的语言技巧。一般来说，没有太多脱稿讲话经历的领导比较适合选择这样的方式。开场的小故事能够迅速将听众的注意力集中到你说话的内容上。但是，以故事为开场白的演讲需要注意：第一，故事一定要短小精练、发人深省，且一定要符合讲话内容，为主题服务；第二，如果你的开场故事占你演讲比例的 1/2，这场讲话就变成了故事沙龙，冗长的内容、复杂的情节反而会让听众感到枯燥、疲惫。

再来看一个例子。

一个校长在以《救救孩子》为主题的演讲中的开场白是这样的：

“去年报纸上有过这样一则新闻，一个小学生每天上学的时候，父母都会为他带上一个剥好壳的鸡蛋，让他带到学校吃。有一天，他的父母匆匆忙忙上班，忘记剥鸡蛋壳了。孩子看着这个没剥壳的鸡蛋，不知道该怎么办，于是就把鸡蛋原封不动地带回家。父母问他为什么没有吃，孩子回答说：‘没有缝，我怎么吃’。”

这位校长以小学生不会剥鸡蛋的新闻作为演讲的开场白，直接把听众带入了主题。家长们的溺爱使得孩子缺少独立自主的能力，所以他呼吁全社会都要重视这个问题，培养孩子独立生活、解决问题的能力。

一位大学校长在新生欢迎会上讲话，他是这样开场的：

“不知道大家有没有听过这样一个传说，相传有个神奇的山洞，里面尽是金银珠宝，是一些盗贼偷窃之后藏在山洞里的，据说只要知道一句咒语，山洞的门就会自动打开。有一天，一个年轻人无意中得知了这句咒语，成为宝藏的主人。这句咒语就是‘大学’。”

这位校长以一个传说作为演讲的开场白，深刻地指出大学的意义，鼓舞了刚刚迈入大学校门的新生，这场演讲是非常成功的。

（3）设置悬念，让别人产生好奇感

领导者要想在公众演说中获得成功，就必须具备一种能力——在讲话中设置悬念，吊起听众的胃口，引发听众的好奇心，让听众集中注意力听自己的讲话。

丽贝卡·威特毕业于圣路易斯州的密苏里大学。一次，她到大学中做演讲，她的开场白是这样的：

“我是一个由七个字母构成的单词。我破坏了友情、亲情、邻里之情、同学之情。我是当今青少年中最大的杀手。我并非酒类，也并非可卡因，我的名字叫自杀。”

丽贝卡·威特的开场白激起了听众的好奇心，听众为了知道答案，会聚精会神地听她接下来的讲话。为了保持听众的兴趣，在接下来的讲话中，丽贝卡·威特又说出了一串触目惊心的统计数据，然后提出了两个令人深思的问题：“高级中学为什么不采取措施？自杀防范作为高级中学日常课程的组成部分，为什么没有制定纲要？这些都是值得重视的问题，也是我今天会在这里做这场演讲的原因。”丽贝卡·威特的开场白首先抓住了听众的兴趣点，在短时间内就勾起听众寻求答案的欲望。但是要想让听众持续保持这种兴奋的状态是很难的，所以丽贝卡·威特必须再次刺激听众的好奇心。她通过引用惊人的数据，并提出关键问题来保持听众的兴趣。

我们再举一个例子，请试着读下面的一段话，看看你是否有兴趣把它看完。

82年前，在伦敦有一本书尤为畅销，被大家称为“不朽的杰作”，也有人说“这是迄今为止地球上最伟大的小说”。该书一经问世，就颇受好评，人人传诵。当时在伦敦人们见面都要问一句：“你读过这本小说吗?”这本书刚出版的第一天，就销售了上千册，此后一发不可收拾。这本书在伦敦多次再版，并且传到了世界各国。人们都说“好书无国界”，大概就是这样吧，现在世界各国都有了这本书的译本。就在几年前，摩根——一位银行家，他出了一个别人无法拒绝的价钱，买下了这本书的手写稿。现在，这本书的原稿和银行家摩根的其他珍贵宝物，都陈列在纽约的美术馆中。那到底这本书的名字叫什么呢？它就是狄更斯的著作《在圣诞节的欢歌》。

你觉得这一小段文字怎么样，它有没有一步一步地吸引你读下去的力量呢？悬念的目的是为了激活大家“紧张和期待的心情”，从而吸引大家的注意力。它包括“设悬”和“释悬”两个方面。也就是说，在讲话刚开始的时候，把谜面抛给听众，而把谜底藏起来，让听众不自觉地进入到你讲话的情境中去，然后在适当的时候揭开谜底，满足听众期待的心理。因此，讲话开场的时候就设置悬念，这是吸引听众的有效手段。

◎谦虚：建立良好沟通关系的良药◎

范例点评

乔布斯，苹果创始人，2005年他在斯坦福大学演讲时是这样说的：

今天，我很荣幸来到各位的毕业典礼上，斯坦福大学是世界最好的学校之一。我从来没从大学毕业。说实话，这是我离大学毕业最近的一刻。今天，我只说三个故事，不谈大道理，三个故事就好。

第一个故事，是关于人生中的点点滴滴怎么串连在一起的。

我在里德学院（Reedcollege）待了6个月就办休学了。到我退学前，一共休学了18个月。那么，我为什么休学呢？这得从我出生前讲起。我的亲生母亲当时是个研究生，年轻的未婚妈妈，她决定让别人收养我。她强烈觉得应该由大学毕业的人收养我，所以我出生时，她就准备让我被一对律师夫妇收养。但是这对夫妻到了最后一刻反悔了，他们想收养女孩。所以在等待收养名单上的一对夫妻，我的养父母，在一天半夜里接到一个电话，问他们："有一名意外出生的男孩，你们要认养他吗？"而他们的回答是："当然要。"后来，我的生母发现，我现在的妈妈从来没有大学毕业，我现在的爸爸则连高中毕业也没有，她拒绝在认养文件上做最后签字。直到几个月后，我的养父母同意将来一定会让我上大学，她才软化态度。

17 年后，我上大学了。但是当时我无知地选了一所学费几乎跟史丹佛一样贵的大学，我那工人阶级的父母把所有积蓄都花在我的学费上。6 个月后，我看不出念这个书的价值何在。那时候，我不知道这辈子要干什么，也不知道念大学能对我有什么帮助，而且我为了念这个书，花光了我父母这辈子的所有积蓄，所以我决定休学，相信船到桥头自然直。当时这个决定看来相当可怕，可是现在看来，那是我这辈子做过的最好的决定之一。当我休学之后，我再也不用上我没兴趣的必修课，而把时间拿去听那些我有兴趣的课。

这一点也不浪漫。我没有宿舍，所以我睡在友人家里的地板上，靠着回收可乐空罐的五先令退费买吃的，每个星期天晚上得走 7 里的路绕过大半个镇去印度教的 Hare Krishna 神庙吃顿好饭。我喜欢 Hare Krishna 神庙的饭菜。追寻我的好奇与直觉，我所驻足的大部分事物，后来看来都成了无价之宝。举例来说：

当时里德学院有着大概是全国最好的书法指导。在整个校园内的每一张海报上，每个抽屉的标签上，都是美丽的手写字。我因为休学了，可以不照正常选课程序来，所以我跑去学书法。我学了serif与sanserif字体，学到在不同字母组合间变更字间距，学到活版印刷伟大的地方。书法的美好、历史感与艺术感是科学所无法捕捉的，我觉得那很迷人。

我没预期过学的这些东西能在我生活中起些什么实际作用，不过10年后，当我在设计第一台麦金塔时，我想起了当时所学的东西，所以把这些东西都设计进了麦金塔里，这是第一台能印刷出漂亮东西的计算机。如果我没沉溺于那样一门课里，麦金塔可能就不会有多重字体跟变间距字体了。又因为Windows抄袭了麦金塔的使用方式，如果当年我没这样做，大概世界上所有的个人计算机都不会有这些东西，印不出现在我们看到的漂亮的字来了。当然，当我还在大学里时，不可能把这些点点滴滴预先串在一起，但是这在10年后回顾，就显得非常清楚。

我再说一次，你不能预先把点点滴滴串在一起；唯有未来回顾时，你才会明白那些点点滴滴是如何串在一起的。所以你得相信，你现在所体会的东西将来多少会连接在一块儿。你得信任某个东西，直觉也好，命运也好，生命也好，或者因缘。这种做法从来没让我失望，也让我的人生整个不同起来。

我的第二个故事，有关爱与失去。

我好运，年轻时就发现自己爱做什么事。我20岁时，跟Steve Wozniak在我爸妈的车库里开始了苹果计算机的事业。我们拼命工作，苹果计算机在10年间从一间车库里的两个小伙子扩展成一家员工超过4千人、市价20亿美金的公司，在那之前一年推出了我们最棒的作品——麦金塔，而我才刚迈入人生的第30个年头，然后被炒鱿鱼。要怎么让自己创办的公司炒自己鱿鱼？好吧，当苹果计算机成长后，我请了一个我以为他在经营公司上很有才干的家伙来，他在头几年也确实干得不错。可是我们对未来的愿景不同，最后只好分道扬镳。董事会站在他那边，炒了我鱿鱼，公开把我请了出去。曾经是我整个成年生活重心的东西不见了，令我不知所措。

有几个月，我实在不知道要干什么好。我觉得我令企业界的前辈们失望——我把他们交给我的接力棒弄丢了。我见了创办HP的David Packard跟创办Intel的Bob Noyce，跟他们说我很抱歉把事情搞砸了。我成了公众的负面示范，我甚至想要离开硅谷。但是渐渐地，我发现，我还是喜爱着我做过的事情，在苹果经历的事件丝毫没有改变我爱做的事。我被否定了，可是我还是爱做那些事情，所以我决定从头来过。当时我没发现，但是现在看来，被苹果计算机开除，是我所经历过的最好的事情。成功的沉重被从头来过的轻松所取代，每件事情都不那么确定，让我自由进入这辈子最有创意的年代。接下来的5年，我开了一家叫NeXT的公司，又开了一家叫Pixar的公司，也跟后来的老婆谈起了恋爱。Pixar接着制作了世界上第一部全计算机动画电影《玩具总动员》，现在是世界上最成功的动画制作公司。然后，苹果计算机买下了NeXT，我回到了苹果，我们在NeXT发展的技术成了苹果计算机后来复兴的核心。我也有了个美妙的家庭。

我很确定，如果当年苹果计算机没开除我，就不会发生这些事情。这贴药很苦口，可是我想苹果计算机这个病人需要这贴药。有时候，人生会用砖头打你的头，不要丧失信心。我确信，我爱我所做的事情，这就是这些年来让我继续走下去的唯一理由。你得找出你爱的，工作上是如此，对情人也是如此。你的工作将填满你的一大块人生，唯一获得真正满足的方法就是做你相信是伟大的工作，而唯一做伟大工作的方法是爱你所做的事。如果你还没找到这些事，继续找，别停顿。尽你的全力，你知道你一定会找到。而且，如同任何伟大的关系一样，事情只会随着时间愈来愈好。所以，在你找到之前，继续找，别停顿。

我的第三个故事，关于死亡。

我17岁时读到一则格言，好像是“把每一天都当成生命中的最后一天，你就会轻松自在”。这对我影响深远，在过去33年里，我每天早上都会照镜子，自问：“如果今天是此生最后一日，我今天要干些什么?”当我连续太多天都得到一个“没事做”的答案时，我就知道我必须有所变革了。

提醒自己快死了，是我在人生中下重大决定时所用过最重要的工具。因为几乎每件事——所有外界期望、所有名誉、所有对困窘或失败的恐惧——在面对死亡时，都消失了，只有最重要的东西才会留下。提醒自己快死了，是我所知避免掉入自己有东西要失去了的陷阱里最好的方法。人生不带来，死不带去，没什么道理不顺心而为。

一年前，我被诊断出癌症。我在早上7点半做断层扫描，在胰脏清楚出现一个肿瘤，我连胰脏是什么都不知道。医生告诉我，那几乎可以确定是一种不治之症，我大概活不到3—6个月了。医生建议我回家，好好跟亲人们聚一聚，这是医生对临终病人的标准建议。那代表你得试着在几个月内把你将来10年想跟小孩讲的话讲完；那代表你得把每件事情搞定，家人才会尽量轻松；那代表你得跟人说再见了。我整天想着那个诊断结果，那天晚上做了一次切片，从喉咙伸入一个内视镜，从胃进入肠子，插了根针进胰脏，取了一些肿瘤细胞出来。我打了镇静剂，不醒人事，但是我太太在场。她后来跟我说，当医生们用显微镜看过那些细胞后，他们都哭了，因为那是非常少见的一种胰脏癌，可以用手术治好。所以我接受了手术，康复了。这是我最接近死亡的时候，我希望那会继续是未来几十年内最接近的一次。经历此事后，我可以比之前死亡只是抽象概念时更肯定地告诉你们下面这些：没有人想死，即使那些想上天堂的人，也想活着上天堂。但是死亡是我们共有的目的地，没有人逃得过。这是注定的，因为死亡简直就是生命中最棒的发明，是生命变化的媒介，送走老人们，给新生代留下空间。现在你们是新生代，但是不久的将来，你们也会逐渐变老，被送出人生的舞台。抱歉讲得这么戏剧化，但是这是真的。

你们的时间有限，所以不要浪费时间活在别人的生活里。不要被信条所惑——盲从信条就是活在别人的思考结果里。不要让别人的意见淹没了你内在的心声。最重要的是，拥有跟随内心与直觉的勇气，你的内心与直觉多少已经知道你真正想要成为什么样的人。任何其他事物都是次要的。在我年轻时，有本神奇的杂志叫作《Whole Earth Catalog》，当年我们很迷这本杂志。那是一位住在离这儿不远的 Menlo Park 的 Stewart Brand 发行的，他把杂志办得很有诗意。那是 20 世纪 60 年代末期，个人计算机跟桌上出版还没发明，所有内容都是打字机、剪刀跟拍立得相机做出来的。杂志内容有点像印在纸上的 Google，在 Google 出现之前 35 年就有了：理想化、充满新奇工具与神奇的注记。

那个出版团队出了好几期《Whole Earth Catalog》，然后出了停刊号。当时是 20 世纪 70 年代中期，我正处在你们现在这个年龄。在停刊号的封底，有张早晨乡间小路的照片，那种你去爬山时会经过的乡间小路。在照片下有行小字：

“求知若饥，虚心若愚。”（摘自论坛翻译）

从乔布斯的演讲中我们可以看出，一个人站在台上讲话时，他所有的表现都会让在座的人尽收眼底，只有谦虚谨慎才能得到听众的喜爱。如果你刻意夸大某些事件，或是为自己的讲话扬扬得意，都会遭到别人的心理抵触，听众会从内心排斥你的讲话。这个时候，无论你的讲话多么动听，听众都不会再认同你了。讲话的时候保持谦逊，是与他人建立良好沟通关系的良药。

技巧指导

在人际交往中，大家要注意一点：善于倾听。尤其是要静下心来倾听那些带着不良情绪、心情不佳者的讲话，并作出适度的回应，这不仅仅可以反映一个人的素养，还是现代人的重要交往技巧。善于倾听的人都有共同的特点：有耐心、虚心好学、富有爱心。

一般人在交谈中，倾向于以自己的意见、观点、感情来影响别人，往往谈个不停，似乎非如此就无法达到交谈的目的，这样的人很容易招致别人的厌烦。实际上，与人交谈，光做一个好的演说者不一定能成功，还须做一个好的听众。在谈话中，任何人都不可能总是处于说的位置上。要使交谈的双方双向交流畅通无阻，就必须善于倾听他人的谈话。善于聆听的人懂得“三人行，必有我师”的道理，能够利用一切机会博采众长，丰富自己，而且会留给别人讲礼貌的良好印象。

每一个站在台上讲话的人，都希望自己的讲话能够有人应和，也就是我们所说的要与听众有沟通、有互动，但有的时候往往事与愿违，等到真正站在台上讲话时，就会觉得根本没有真正的沟通，或者有了沟通而又觉得障碍特别多。那么问题到底出在哪里呢？通常，我们把“交流”和“沟通”混淆了，其实这是两个完全不同的概念。它们看起来好像差不多，但交流是指谈话双方进行意见的交换，而沟通是指谈话双方就某一观点达成共识。那么怎样才能与听众进行良好的沟通呢？下面给大家提供几个简单快捷的方法。

(1) 善于倾听

善于倾听的人才是真正会交际的人。话多的人、会说话的人，他们有锋芒毕露的时候，也常有言过其实之嫌。话说多了，常会被认为夸夸其谈、油嘴滑舌，说过分了还会导致言多必有失、祸从口出。而静心倾听就远没有这些弊病，倒有兼听则明的好处。善于倾听的人，给人的印象是谦虚好学、专心稳重、诚实可靠。善于倾听的人能够给别人以充分的空间诉说自己，他们性格温和，多半不会急躁。他们懂得认真听能减少不成熟的评论，避免不必要的误解。善于倾听的人常常会有意想不到的收获。蒲松龄因为虚心听取路人的述说，记下了许多聊斋故事；唐太宗因为兼听而成明主；齐桓公因为细听而善任管仲；刘玄德因为恭听而鼎足天下。

不能够倾听别人，总是自己滔滔不绝的人，其人际关系通常都很失败。很多时候这并不在于他们说错了什么，或是应该说什么，而在于他们听得太少，或者不注意听。比如，别人的话还没有说完，他们就抢口，讲出些不得要领的话；别人的话还没有听清，他们就迫不及待地发表自己的见解和意见；对方兴致勃勃地与他们说话，他们却心不在焉，手上还在不断拨弄这个那个。试问，有谁愿意与这样的人交谈？有谁喜欢和这样的人做朋友？

当你在和他人说话的时候，请注意观察，他是在洗耳恭听，还是常常打断你的谈话，或者不停地做其他的事情。如果是后者，你会喜欢他吗？

(2) 保持低调

其实低调不是所谓的不说话与内向，而是说话和为人处世不要那么僵硬与嚣张罢了。还有你之所以被别人议论是因为你太过于表露自己或处世待人太僵硬，从而得罪了别人都不知道。谦虚的态度通常能够增加你的信任度，也让别人觉得你很容易亲近。

◎幽默的语言，拉近心灵的距离◎

范例点评

中国台湾电影艺术家凌峰先生曾应邀参加1990年的央视春晚。当时，大部分观众都不知道这个人，但是在听过他那段妙趣横生的开场白后，他的形象一下子深深地印入观众的脑海中，给观众留下了深刻的印象。他是这样说的：我叫凌峰，虽然我获得过‘金钟奖’和最佳男歌星的称号，但这些都不是我出名的原因。我因为长得难看而出名，大多数女观众对我的印象不好，说我人比黄花瘦，脸比煤炭黑。”这样自嘲的开场让台下的观众捧腹大笑，不但给人亲近的感觉，也给大家留下风趣幽默的特别印象。没过多久，他再次出现在‘金话筒之夜文艺晚会’的舞台上，延续了上一次幽默与自嘲的风格，他说：“很高兴再次见到大家，很不幸大家又见到了我。”台下响起热烈的掌声，连续两次给观众带来深刻的印象，从此凌峰的名字家喻户晓。

还有著名相声演员冯巩，每一年的春节联欢晚会他都以一句话开场：“观众朋友们，我想死你们啦!”这句话已经成了他的“专利”，不仅让人印象深刻，还非常符合春节联欢晚会喜庆的氛围。

邓小平在1979年访问美国的时候，与中国问题专家费正清的幽默对话至今为大家所津津乐道。当时，美国总统和夫人举行盛大的国宴欢迎邓小平访美。与邓小平同坐的有美国总统和哈佛大学的中国问题专家费正清。费正清问邓小平：“您贵庚?”邓小平回答：“72岁。”费说：“我今年74岁。”邓：“但是您仍然是满头乌发，我却早已经秃顶了。”费回答：“这证明您用脑筋用得太多了。”两个人机智幽默的对话，既不失风度又彰显智慧。

讲话幽默的人往往更受人欢迎，幽默不仅体现了语言的艺术性，还是一种不可或缺的沟通技巧。在社交场合，一句幽默的话能够化解尴尬，缓解紧张的气氛，更能够化干戈为玉帛。幽默不仅仅适用于社交场合的沟通，在家庭生活和友邻交往中也同样适用，它能够帮助大家在事业上取得更好的成绩，赢得更多的掌声，能够为家庭生活增添几许趣味，能够获得更多的朋友。幽默是一种智慧，多运用幽默的语言能够让自己和他人心情舒畅，人际关系顺畅，那么人生的道路也将会充满新鲜感。

用幽默的语言作为开场白，不仅能够带动现场氛围，拉近与听众的距离，更重要的是能够彰显领导者的风范，体现领导者的智慧和才华。在开场白中运用幽默，它的语言应该是诙谐但又具有一些反讽意味的，而不能单单只是为了搞笑，这样才能够让听众在轻松的氛围中进入到你讲话的情境中，接受你所传达的信息。

萧军在一次作家代表协会上是这样介绍自己的："我叫萧军，是一个出土文物。"简单的一句话包含了无限的内容，出土文物珍贵又饱经风霜，萧军用出土文物自比，既说明了自己经历的心酸和无奈又展现了自己的特性，可见他的智慧。这种幽默的表达方式值得每一位讲话者借鉴和学习。作家胡适同样是一个懂得幽默语言技巧的人，他曾经在一次演讲中这样开场："今天我不是来向大家做报告的，我是来'胡说'的，因为本人姓胡。"话音一落，在场的听众都哈哈大笑起来。胡适的开场白既有自嘲的意味，又体现了他谦虚幽默的学者涵养，还活跃了现场的气氛，拉近了自己与听众的距离，可谓是一箭三雕，让人佩服。

幽默的语言能够舒缓身心、摆脱紧张情绪、释放压力，让烦恼在幽默的语言中化作轻松的一笑。在与他人沟通的时候，幽默的语言是降低人与人之间摩擦系数的润滑剂。在社交场合，幽默的语言可以迅速打开交际面，让现场气氛轻松、活跃、融洽。如果出现意见分歧或观点相左的尴尬场面时，幽默的语言便可成为尴尬情境中的缓冲剂，让自己和他人脱离窘境或消除对方的敌意。除此之外，幽默、诙谐的语言还可以用来委婉地拒绝对方的要求，既不损伤对方的颜面又显示出说话者的睿智。当然，幽默的语言同样可以作为善意批评的手段。

幽默是彰显人的思想情操、学识修养和人生阅历的表达方式，也是生活智慧与自身魅力的结晶，更是经历了挫败、低谷之后豁达、乐观、积极人生态度的。体现幽默的语言能够更好地传递信息，拉近心灵的距离，让谈话变得更加融洽。

在脱稿讲话中，幽默风趣的语言是讲话者的必备能力。讲话者可以利用幽默的语言表露真情实感，从而让听众放下防御的包袱，讲话者就能够更加直接有效地了解听众的意愿，这样才能让讲话更有意义。

幽默是智慧的代言人，是讲话者鲜明个性的体现，因而需要讲话者具备丰富的想象力、快速的反应能力以及对生活和事物敏锐感知的能力。一般来说，真正精于谈话技巧的人都善于引导话题、活跃气氛、幽默大度。幽默的人都是快乐的，都对生活有独到的见解和深刻的体会。所以，他们会选择用幽默作为生活的调味品。俗话说，哭也是一天，笑也是一天。为什么不让自己开开心心地过日子，反而一边拼命地往忧伤里钻，一边喊救命。幽默的人往往能够在社交场合如鱼得水、左右逢源。幽默的人是不会把自己陷入条条框框之中的，他们懂得自我调节，用自己的智慧给生活锦上添花。

技巧指导

人与人交往，难免会出现尴尬的时候，如果你能在恰当的时机幽默一下，开个玩笑，那么你与听者之间的紧张氛围就会立即消失，还能在别人的心目中留下宽容、机智的印象。人人都说在当今社会人脉最重要，其实你认识100个人也不敌在10个人心目中留下好的印象来得实际。懂得幽默的人能够把幽默的力道发挥到极致，既不哗众取宠，还能赢得掌声。那么怎样才能在恰当的时机运用幽默的语言呢？可以参照以下几点。

（1）转移话题制造幽默

“转移话题”之所以能够达到幽默的效果，是因为人的幽默属于感性思维，并非理性的逻辑关系。感性思维的人更加简单，他们不用故意去营造幽默的语言环境，这一点在小孩子的身上体现得尤为淋漓尽致。

一位妈妈在教孩子查数的时候，伸出食指问孩子：“宝宝这是几？”孩子说：“这不是手指头吗！”

老师让学生用“天真”一词造句，学生说：“今天真好。”

其实，从教育孩子的角度来说，这些回答会让家长和老师很苦恼，因为孩子们的回答总是词不达意，像那位妈妈明显是在问孩子数字结果，可是孩子却把逻辑关系转移到事物上去。不过，也恰恰是这样的话题转移才造成了幽默的效果。

讲话者不妨学习一下小孩子这种感性的逻辑思维，在脱稿讲话中为自己的讲话加分。现在流行的热播剧《爱情公寓》中有很多台词、对话都是用这种转移话题的方式来达到引人发笑的目的的。

话题被转移后仍然说得通，只不过把事物用另一个角度去看，这种转换角度的思考往往能够收到意料之外的效果。在公众场合讲话的时候，讲话者一般都注重理据，让自己的讲话有理可循、有据可依，这就是基于理性思维的表达。讲话者不妨试着用新的角度去思考。通常情况下，话题转移得越无厘头，越能引发笑料，因为这时听众完全没有意识到或者说还没有从原有的角度中抽离出来，所以给大家带来的意外感就越强烈，幽默的效果也就越好。

(2) 自嘲制造幽默

在日常生活中，总有一些意料之外的事情发生，可能是在众人面前摔倒，也可能是事情没有按照你预想的轨迹发生，又或者是周围的环境变化在前期考虑的范围之外，等等。这些猝不及防的情况会让大家感到窘迫、狼狈不堪。这时候，自嘲作为一种化解尴尬的幽默手段，能够有效地帮你摆脱尴尬的情境。

央视主持人杨澜曾经为某市主持大型文艺晚会。晚会演出中途，杨澜在下台阶的时候意外摔倒。在这种场合摔倒真是尴尬，但是杨澜却不慌不忙地站起来，并对观众说："马有失蹄，人有失足，刚才我为大家表演的狮子滚绣球节目怎么样？这次演出的台阶不好下，但台上的节目一定很精彩。不信，你瞧他们！"话音刚落，台下响起热烈的掌声，这掌声是为节目而喝彩，更是为杨澜的从容表现而喝彩！

杨澜的这段话不但化解了摔倒的尴尬，让自己摆脱了困境，同时巧妙地引出了下一个节目，可见杨澜的主持功底之深厚，自嘲式的表达更显示出她的机智与非凡的口才。

自嘲是机智的表现，也能看出一个人的口才，可以说自嘲是幽默的最高境界。恰当的自嘲不但可以消除误会、化解尴尬、赢得自尊，还能为谈话增添乐趣。但是，自嘲不能乱用，如果使用不当反而会让人反感，使自己陷入更尴尬的境地。自嘲要分场合，像一些辩论会、研讨会等严肃的场合就不适合使用自嘲的方式。自嘲的时候还要讲究语气态度，避免过分地加强语气，这样会给人一种玩世不恭的感觉，不但起不到积极的作用，反而会让自己显得轻佻。所以，在比较公众的大型场合只需要自然、恰当的自嘲，能显示出讲话者的机智即可。如果为了凸显自己的幽默感而故意扮丑，不但不能显示出你的智慧与学问，还会让人感到滑稽与可笑，那你的幽默也就失败了。

（3）批判也要委婉

温和的批判就是在他人对你表达出敌意的时候，既能有力地还击，语言又不失礼，让人无言以对。

英国首相丘吉尔就擅长温和的批判。曾有一位女议员对他说："如果我是你的妻子，我会在你这杯咖啡里放下毒。"丘吉尔笑着说："假如你是我的妻子，我会喝掉它。"

（4）利用身体语言

在与别人幽默互动时，适当的动作、手势和身体姿态能够帮助你更好地展现幽默的力量。在关键的部分加强语气，夸张的表达加上手势，会让动作符号成为幽默语句中的标点，并综合声音技巧和动作技巧来吸引听众，这时听众会对你传达的信息有更深的记忆。

（5）幽默要合情合景

讲话者不能随时随地幽默，无论你有多少可笑的小故事要跟大家分享，都不能为了彰显自己的幽默而盲目地向别人诉说。语言幽默风趣也要找准对象。有的人性格内敛，当你面对这样的人时，你还一个劲儿地展现你的幽默，只能给人留下滑稽轻浮的印象。所以说，幽默一定要根据谈话对象和当时所处的环境来运用，否则就是不合时宜的幽默。

(6) 幽默要适度

幽默要有个度，不能过头。有的人在工作场合过多地使用幽默，常常让人分不清是真是假，说话内容总是脱离主题，难以让他人信服。

(7) 善于制造悬念

你在讲述某件事的时候，要一步一步带动听者的情绪，学会给听者"下套"，制造悬念，配合语气手势，增强气氛，在谜底揭开之前故意拉长声音，让听者迫不及待地想知道结果，最后再说出一个既符合情节又出人意料的谜底。如果你急于将谜底告诉大家，缺少了中间的"卖关子"，那么幽默的效力便失去一半了，让人听了不痛不痒，失去了讲述的意义。

(8) 自己要能把控住自己

有些人在讲笑话或说一些有意思的故事时，还没讲给别人听，自己却先笑起来，让听者不知所云。即使后来你把笑话讲完，大家也不会觉得那么好笑了，因为讲者自己先控制不住情绪笑了起来，这就等于把笑点降低了一半。最好的方式就是在讲的时候要一本正经，让听众提起兴趣，这样才能让幽默发挥最大的功效。

(9) 笑中结尾

在讲话即将结束的时候，一定要做好收尾工作。不妨试一下说几句幽默的祝语，或者讲个风趣的小故事，让听众在笑声中散场，都能够为你的收尾增添光彩。

领导者做脱稿讲话的时候，首先面临的问题就是怎样让听众在你开口时就注视着你，对你即将讲话的内容有所期待并产生极大的兴趣。其中最有效的方法之一就是学会使用幽默的语言。在整场讲话中，听众不可能时时保持刚开始的兴奋状态，在听众疲倦的时候，领导者应该用幽默的语言把听众的思绪从疲倦中拉回来，重新振作听众的精神，让听众忘记疲倦，轻松地进入你接下来要阐述的观点和问题。但是，需要注意的是，领导者在运用幽默的时候，不要说一些庸俗的笑话，更不要在讲话的过程中掺杂粗俗的字眼，这样做不但达不到幽默的效果，还会在听众心目中留下低俗的形象，甚至破坏了演讲主题的价值。

第六讲 ／ 逻辑

让演讲逻辑完美，有条有理短小精湛

毫无头绪、凌乱不堪的讲话会让人心生厌烦，无法达到与人沟通的目的。逻辑思维能力的提升，有助于演讲能力的提高。不管是在什么场合，讲话都要逻辑清晰、条理清楚，这样才能与人进行更好的交流。

◎凤头，猪肚，豹尾◎

范例点评

从前有个人讲话常常跑题，总是说不到点子上。在他结婚的喜宴上，司仪让他发表讲话，他是这样说的："我衷心地感谢大家的到来，大家都是在百忙之中抽出时间赶来参加我们的婚礼，这是对我们的结合给予的极大鼓舞和鞭策，也是对我们新婚的极大关怀。同时也请各位不要介意，由于我们俩是第一次结婚，缺乏经验，还希望各位在今后能够多帮助、扶持和指导我们。今天如果有招待不周全的地方也请大家多提宝贵意见，我们下次改进。”

新郎说的这些话听起来貌似彬彬有礼，实际上却非常滑稽可笑，既不得体又不符合身份场合，让人忍不住发笑。其实，发言者根本没有明确自己讲话的目的就乱讲话、乱发言。

我们说话的目的概括起来不外乎以下五种。

第一，为了向他人传递信息或知识。例如课堂教学、学术讲座、新闻报道、产品介绍和说明、展览展会的解说等。

第二，为了引起他人的注意或调动他人的兴趣。这样的说话一般是为了交际，为了更好地与他人沟通，或为了证明自身的存在感，把别人的目光都吸引到自己身上来。例如见到他人主动打招呼、一些必要的应酬、寒暄、友好的提问、诚心的拜访、导游、介绍、主持人讲话等。

第三，为了争取别人的了解和信任。例如交谈、与友人叙旧、与亲朋拉家常、与恋人谈恋爱等，这样做往往是为了结交朋友或者加深感情。

第四，为了激励或鼓动他人。这样的语言是为了增强观念，坚定他人或者自己的信心，引起精神上的兴奋，有时也要求得到行动上的相关反应。例如赞美他人，媒体广告的宣传，商务洽谈，请求，就职演说，激励鼓动性演讲以及朋友聚会、毕业典礼、升学典礼和各种有纪念意义的活动、庆祝活动中的讲话等等。

第五，为了说服或劝告他人。此类说话一般包括商务谈判、辩论比赛、批评、法庭上的辩护、就职竞选演说、提出改革性建议等，目的大多是为了让别人能够接受自己的观点，认同自己的思想，争取自身价值的最大化。

首先，讲话者要明确脱稿讲话的目的。只有目的明确了，谈话、社交才能够取得比较好的效果，讲话者才知道应该准备什么样的话题和搜集什么样的资料，采取怎样的态度、语言风格，进而运用哪些讲话技巧，真正做到有的放矢、随机应变、临场发挥。如果目的不明确，不分场合随意讲话，就难免会发生东拉西扯、叫人不知所云的情况。

还有就是脱稿讲话的内容非常关键，篇幅要适当、要有长有短，这样才能突出讲话的重点，让听众明白哪些是重要的信息，哪些是次要的内容。讲话者或是希望获得听众赞同的看法、认可的态度，与听众达成共识；或是期望听众对自己所讲的内容心领神会，并在行动中表现出来。

如果讲话者在开始就点明了重点，那么在讲话的主体部分一定要进一步阐述，反复地强调，否则你讲话一结束，听众就可能会把重点忽略了，忘了你表达信息的最终目的。讲话成功最理想的效果就是：你着重讲话的部分、突出强调的要点也正是听众最认同、印象最深、感触最多的部分。讲话的重点或集中在几个段落或部分结合而成的层次上，或集中在讲话内容的一个层次、一个部分的某几个小的段落上。把讲话内容的重点集中是一种好的表达方法，当然你也可以采用将重点分别插放在全篇各个部分、各个层次之中的方法，但是一定要注意：必须围绕着讲话主题展开，不要抛开主题滔滔不绝地讲，否则等你意识到的时候，已经拉不回来了。分散重点要做到“形散而神不散”。

在每次说话之前，不妨想一想：“我为什么要这样表达”，或者“别人为什么要我说”。事先考虑一下可能产生的效果，并且把预期的效果当作之后的目标去为之努力，否则就达不到最初的目的的，甚至还会闹出笑话。

一个人讲话明确是语言的简洁性和高效性的体现，体现了言事的简明性和效率性。讲话者不仅要有系统深刻的思路体系、坚定明确的观点，而且必须懂得运用简明扼要、准确精当的言语，恰到好处、恰如其分地表达自己的思想，做到语言精简、思路清晰、语句通顺、逻辑条理。

语言表达最基本的要求就是明确。所谓的明确，就是语言明晰、意思表达确定。在大多数情况下，讲话者说的话都应当是明确的，绝不能含糊其辞、模棱两可。

技巧指导

要想达到脱稿讲话的最终目的，就要在脱稿讲话的过程中形成自律的习惯，要进行自我控制，不断调节自身的状态。人与人交流是一个相当复杂的过程，人类的言语交际值得每一个人去钻研。如果表述的一方按照最初的说话轨迹去表达语言信息，就会因为用词不妥或对倾听一方缺乏了解而让倾听一方困惑、误解甚至反感。这个时候就需要讲话者进行自我控制，调节状态，把自己想表达的内容换一种说法，以便于对方理解，让对方欣然接受。有时候，一段谈话的最初阶段是按照最初的表达目的去进行的，但是在说话的过程中讲者很可能就改变了初衷，由于倾听者、交流的对象不同，以及周围环境的变化，原定的话题方向都有可能改变，有时候由于交流起来很投机，交流者们发起了新的感兴趣的话题，这也会导致偏离了最初的主题，这时候就需要讲话者及时地把话题拉回到原定范围内。那么怎样才能做到目的明确、突出要点呢？

(1) 清晰的条理

对于日常生活中的讲话或一般的工作类讲话，讲者不需要在意讲话结构，也不需要在说话时有很强的艺术性，只要做到最基本的一条——条理清晰就可以了。尤其是向大家说明某件事物的讲话，就更加需要注意语言的条理性。

如何能让我们的讲话做到条理清晰呢？

A. 总体概括。就是对所讲的内容进行开篇点题并做简单的概述。

B. 梳理清晰框架结构。就是将要说的主要内容理出条理，用数字或者加重点的形式作为小结的标题进行分段。

C. 善于收尾。最后重复标题，形成前后呼应的形式，并对通篇内容进行总结。

下面通过例子来具体验证这个方法。

大家好！今天我向大家推荐一款 3D 高清数字电视机。这款电视机一经推出，便成为炙手可热的销售冠军，可见它的性价比很高，颇受大家的青睐。优良的性能、高超的技术和低廉的价格是这款电视机成为销售冠军的法宝。那么今天我就给大家介绍下这款 3D 高清数字电视机的 5 个优势。

(1) 3D 效果：这款电视机可谓满足了所有人在家里建立影院的梦想，只要把 3D 影片通过 USB 线连接到这款电视机上，就可以随时观看，享受最佳的视听效果，打造真正意义上的家庭影院，不花钱看 3D

电影，既划算又惬意。同时，这款电视机还为您配备了两幅3D眼镜，要知道我们去影院观看3D影片最便宜的也要100块左右，如果有了这款3D高清数字电视机，我们不仅可以节省电影票的钱，也不用苦苦排队买票了。

(2) 超薄：这款电视可以说是真正意义上做到了超薄的理念，它机身的厚度只有5厘米，侧面看上去就像一个悉心雕琢的工艺像框，不像传统电视机那样又笨拙又占地方。不用为它准备占空间的电视柜，更不用再为家里电视机位置不好找而苦恼，你可以随意地把它挂在客厅的墙上，既美观又大方。如果家里的电线够长，你可以带着它出门，因为它重量极轻，只有普通电视1/3的重量。这就是超薄带来的好处。

(3) 高清：这款电视机是采用物理技术制造的高清屏幕。它采用现代点排成像技术，与传统电视机的球面显示器有着很大的区别，真正做到了绝对纯平。它的清晰度之高，可以让您有身临其境的感觉。

(4) 健康：有些人经常看一会儿电视就会觉得眼睛不舒服，或是长时间看电视就会导致视觉模糊，那是因为电视屏幕会释放一种辐射电波，这种辐射电波导致了上述情况的发生，日积月累，就会严重损害我们的视力。而这款电视机采用防辐射技术，极大地减少了辐射对眼睛的伤害。

(5) 方便：在快节奏的都市生活压力下，我们每天下班回家，第一件事情就是打开电视看一些轻松的节目，但有时却怎么也找不到遥控器，这是一件非常令人懊恼的事情。而这款电视机就为您解决了这个烦恼，我们这款电视机采用国际上最先进的声控遥感技术，您只要预先设置语音提示，开口说话就能操控这款电视机换台、开关、控制音量大小了，再也不用担心会发生遥控器怎么都找不到的情况了。这样既节省了您的时间，又方便观看，这样的简单快捷是其他电视无法匹敌的。

3D、超薄、高清、健康、方便就是这款3D高清数字电视的最大优势。您还等什么呢？快快行动吧！

这段发言虽然很短，但却非常全面地运用了前面所说的条理公式，下面我们就来解析一下。条理公式第一条是“总体概括”，要求对所讲的内容进行开篇点题并做简单的概述。我们来看一下这段发言的第一段，虽然就只有短短4句话，但既包含了点题也有概述。“我向大家推荐一款3D高清数字电视机”，这是点题，明确地说出了发言的目的，开门见山。之后的两句话便对这款电视的特点做了概括性介绍，并明确指出这款电视机有5点优势，这就是概述。

(2) 善于提纲挈领

A. 注意结构

在对讲话内容分条说明时，只要划分出一个整体层次就可以了，比如说一篇讲话稿分为第一、第二、第三、第四等，这样分出一个层次就足够了，不要再插入小层次了，如果你在“第一”里面又分出几个小点1、2、3，这样的多层次结构一般用于书面表达，在口语表达中如果出现这种多层次的讲述，会使一些听众分不清主次，会扰乱听众的思维，也不利于讲话者对观点的陈述。对于公开讲话而言，讲话者所传递的信息是一次性的输出，不可能重复，所以脱稿讲话时要注意结构简单清晰、不复杂，让听众一听就明白。

中国共产党第十七次全国代表大会于2007年10月15日召开，大会的报告就是最好的例子，就是上面所说的单层结构。这次报告一共分为 12 个部分：第一，回顾过去五年的工作；第二，改革开放的伟大历史进程；第三，深入贯彻落实科学发展观……像这样列出 12 条。整篇报告只有这一个层次，结构简单清晰，便于听众接收信息，了解和掌握传达的内容。

如果讲话者准备的稿件篇幅比较少，相对来说时间短的话，应尽量把内容浓缩成三个段落，说上三点就足以把内容表述清楚。如果稿件篇幅少还要划分为六七个层次的话，讲话者说起来啰唆，听众听起来也厌烦。但是，并不是一定都要按照三段来分层，如果讲话者的稿件内容分三个部分讲不清楚，那么就可以分为四个方面来讲，讲话者应该根据自己准备的内容进行灵活划分，不要太死板。

B. 注意标题

标题是讲话者所讲的分段内容的中心思想，是从内容中提炼出来的精华。一般在写文章的时候，大家都会注意到标题的重要性，但是到了讲话的时候，大家就会忽略了标题。比如说，第一，我们应该在了解知识的基础之上钻研它、掌握它，进而熟练运用……像这样直接说出了内容。其实，讲话者在脱稿讲话的时候，小节标题很重要，一定要在说内容之前先点明。标题是讲话者所讲内容的概述，先把标题说出来，等于给了听众一个明确的观点，然后讲话者再围绕这个标题展开讲话，这样才能给听众留下深刻的印象，逻辑也会更加清晰。

还要注意的是，小节标题要整齐，字数和风格要统一。如果第一小节的标题是 4 个字，那么后面的也要是 4 个字。例如，第一，逻辑清晰；第二，结构简单；第三，语言具体。这样的表达更方便听众了解讲话者传达的信息。标题的字数尽量做到越少越好，少而精，方便听众记忆。

中共十七大开幕式当晚，中央电视台《新闻联播》全程直播，其中有一位大会代表在小组会上发言，他是这样说的："党的十七大报告有三个好！一是大会好，好就好在十七大报告农民能听懂，干部能操作；二是共产党好，好在坚持发展为民；三是中国特色社会主义好，好在实事求是，一切从实际出发，坚持走符合国情的道路。"

胡锦涛总书记听了他的发言说："好，我们为你鼓掌！"会场上响起热烈的掌声。

这位代表的发言标题实际上只用了一个字"好"，每一句话都由"好"字结尾，不但便于记忆，还比较押韵，说起来朗朗上口。

C. 注意概述

东方人认知事物的习惯是从整体到局部，从全面到具体，注重从宏观的角度来了解具体的事物。举个例子，大家在写信的时候，地址都是从大到小，先是省，然后是市、区、县。所以，在说任何话之前都要进行概述，哪怕是自我介绍也要先整体再局部。比如，我叫肖芬，肖邦的肖，贝多芬的芬。先把全名说出来，再具体解释，不但能给听者留下深刻的印象，还会让人感受到你的逻辑表达能力很强。而西方人的表达方式却恰恰相反。可见，东西方在事物的认知和思维方式上有很大差别。

讲话者在脱稿讲话的过程中应该遵循中国人的思维方式，在讲具体内容之前先做一个总体的概述，说明自己所讲内容的主题以及分为几个部分，给听众一个整体上的认知。这时候再开始你的讲话，听众就能快速地捕捉到你讲话内容的重点，这样才能使你的讲话收到良好的效果。

(3) 理清思路

元代文人乔梦符在谈到写“乐府”的章法时提出了“凤头、猪肚、豹尾”这一说法，这是对文章好的开头、主题和结尾的比喻。这种结构要求文章的开头像凤头一样美丽，主体像猪的肚子那样充实，结尾像豹子的尾巴一样有力量。

温家宝总理在哈佛大学的演讲就应用了“凤头、猪肚、豹尾”这一结构，温总理的发言是这样的：

校长先生、女士们、先生们，首先由衷地感谢萨默斯校长的盛情邀请。

哈佛大学是世界著名的高等教育学府，这里精英荟萃，人才辈出。在这里先后诞生了8位总统，有40位诺贝尔奖得主，这是你们的光荣。

今天，我很高兴站在这里与大家面对面交流。我是一个普通的中国人，出身于教师家庭，有过苦难的童年，也曾长期在中国艰苦地区工作。中国有2500个县，我去过1800个。作为一个中国人，我深爱着我的祖国和人民。

我今天演讲的题目是《把目光投向中国》。

温总理的开场白简短精确，先是对哈佛学子的赞美与肯定，充分体现了“凤头”的风格和特色。这篇演讲共4000多个字，中间的内容分为三个部分，讲述了中国的过去、现在和将来，条理清晰，内容充实，选取的素材也非常丰富，充分体现了“猪肚”的风格，内容丰富且有分量。再来看一下发言的结尾。

女士们，先生们：中华民族的祖先曾追求这样一种境界：“为天地立心，为生民立命，为往圣继绝学，为万世开太平。”今天，人类正处在社会急剧大变动的时代，回溯源头，传承命脉，相互学习，开拓创新，是各国弘扬本民族优秀文化的明智选择。我呼吁，让我们共同以智慧和力量去推动人类文明的进步与发展。我们的成功将承继先贤，泽被后世。这样，我们的子孙就能生活在一个更加和平、安定和繁荣的世界里。我坚信，这样一个无限光明、无限美好的明天，必将到来!

发言的结尾字数不多，但是每一句都掷地有声、干脆利落，充分体现了豹尾的风格。俗话说“织衣织裤，重在开头；编筐编篓，重在收口”。在做前期准备工作时，讲话的开头和结尾要多花些心思，仔细研究一下怎样才能吸引住听众，给听众留下深刻的印象。开头要一鸣惊人，抓住听众的心，让听众快速进入到你所讲内容的情境中；结尾要像撞钟一样，干脆、响亮，做到让听众时时回想着你的内容，回味无穷。

一篇讲话稿的呈现，是对材料充分的思考，把想法和分析判断融合在一起的结果。这时候思考的就是讲话的结构怎样安排才符合逻辑性，才能更有层次。讲话结构设置得巧妙，可以突出展现讲话的精华部分，达到事半功倍的效果。

◎观点，少而精◎

范例点评

曾经有一个年轻人打算离开家乡去追寻自己的梦想。第一次远离家乡，心里难免会恐慌，于是他在走之前去拜访了本族族长。他去的时候，族长正在练字，这个年轻人向族长请教自己未来的前程，族长随手写了3个字“不要怕”，然后对他说：“人生的秘诀只有六个字，先告诉你3个字，供你受用半生。”年轻人听后，踏上了离乡的旅途。

几十年后，那个年轻人小有成就，但是经历了岁月的洗礼，内心也平添了许多忧愁。思乡情切，他再一次去拜访族长，可惜族长已经过世，家人拿出一封信给他，并且对年轻人说：“这是老族长生前留下的，他断定有一天你会再来。”年轻人郑重地接过信，拆开信封，里面写着3个字“不要悔”。

这个故事要告诉世人的是：人要勇于面对生活，把握现在，创造未来，这样才能对自己做过的事情无怨无悔。奥斯特洛夫斯基的著作《钢铁是怎样炼成的》也阐述了这个道理：“人最宝贵的是生命，生命属于人只有一次，一个人的生命应该是这样度过的，当他回首往事的时候不因虚度年华而悔恨，也不会因碌碌无为而羞耻。”这个让人受用一生的道理，族长仅用 6 个字就总结出来。这就是语言精练之妙。

为什么《论语》在 2000 多年后的今天还是被世人广为传颂？其中一个重要的原因就是《论语》作为儒家学派的经典之作之一，是以语录体为主，语录体的特点就是简短而精练。《论语》是由孔子的弟子编纂而成，记录了孔子及其弟子的言行，成书时间大约在春秋战国时期，当时记录文章的方式是把文字刻录在竹简上。写得多，竹简就用得多，所以语言一定要精简，这也就是《论语》用语录体的原因。当然，它也正因为简短，才方便于人人传诵。

举个例子，《论语》的核心是“仁”，“仁”字在《论语》中出现不下百次。有弟子问孔子，在人的一生中，有没有一个字能够终生受用，孔子的回答就是“仁”字。

“仁”字在词典中的基本字义解释是：“一种道德范畴，指人与人之间相互友爱、互助。”那么怎样友爱互助呢？这就涉及人际关系的问题，在《论语》中，孔子对“仁”的解释有很多，但是他所阐明的基本内容是很明确的，就是“爱别人”。首先要学会爱别人，才能获得别人的信赖，才能与之建立良好的关系。我们要用一生去体会、感悟的生活准则孔子只用了一个字就概括出来了，这就是精简。

众所周知，邓小平讲话也是非常简短而精炼的。他提出的“发展才是硬道理”和“科学技术是第一生产力”没有多余的字眼，不但简洁，而且极具感召力。他的孩子问他长征是怎么熬过来的，他只说了 3 个字“跟着走”。关于进军大西南的事情，他也只是讲了 40 多个字。邓小平的语言朴实、坚定，没有华丽的辞藻，简洁明了，但其中蕴含的道理却是耐人寻味的。

对于讲话来说，简明扼要、直接说重点是最基本也是最难的表达。大思想家老子也说过“大道至简”，这同样充分说明了道理不是长篇大论就好。

技巧指导

脱稿讲话的目的在于向他人传达一种思想，语言只是思想的一种表现形式，有思想的表达才有意义。思想是指客观存在的反映人的意识中经过思维活动而产生的结果。在一般的自然科学意义上，人类通过感觉存贮在大脑的东西被称作“记块”，记块被生物钟提示功能提取并且暂时存在思维中枢的结果叫“忆块”，简单来说，就是让人记住你说的话。思想的形成是碎片式的，要把其中的观点提炼成一句醒目的话，这样才是精简的表达，才能让听众感知和把握你的思想。

细分起来，又可以分为两个方面。

(1) 讲话者好记

怎样才能让人记住你的观点呢？这就要求讲话者具备把观点压缩成词的能力。讲话者用于表达观点的字数不能太多，要把句子变成关键词，这样才会记得住、记得牢。如果讲话的语句太长、字数过多，听众记不住，那么讲了也是白讲，做的都是无用功。

当讲话者记不住的时候，就会出现边想边说的情况。人在边想边说的情况下，眼睛会不自觉地向上看。这时候，讲话者的眼睛就无法和听众交流，还会让听众觉得这是一种不礼貌的行为，也就无法吸引观众。另外，脱稿讲话的时候，讲话者在记不住的情况下就会思维混乱，越是着急就越想不起来，这时候说出来的话会毫无逻辑可言，甚至会词不达意，还会不自觉地说一些语气词，如嗯、啊等。

讲话者为什么记不住内容？前面的章节说过，讲话者在准备讲稿之前要先列提纲，而有些讲话者记不住所列出的要点，这是因为他们的观点太长、内容繁多杂乱。大家来看一个事例。

一位从事出版行业的总经理曾在一次业务讲座上发表讲话，讲述集团成功的经验，他是这样说的："集团成功的经验是以读者的利益为根本利益，不断改进传播方式和手段，提高舆论引导的能力，注重培养读者的文学素养。"他在说这段话的时候，只有刚开始的几个字是对着听众说的，之后就一直低头看讲稿。大家看他说的这段话，一个观点有 50 多个字，太长，所以他记不住，只能照着稿子念。你想，自己都记不住，听众能够记住吗？所以说，讲话者的观点一定要字数少而精、简单、通俗，自己才容易记住。

(2) 听话者好记

只有讲话者把思路理顺，使逻辑结构清晰，表达清楚，才能更好地将信息传达给听众，并与听众有眼神的交流，形成互动，听众也才能更好地记忆。

第七讲 ╱ 共鸣

让演讲感情充沛，有情有义产生共鸣

> 没有共鸣的演讲注定是失败的。如何激起听众的共鸣？那就离不开真实的情感、语言的感染以及心灵的碰撞，这些都能让听众感同身受，产生情感上的共鸣。

◎用真情实感引起共鸣◎

范例点评

某领导者在演讲开始的时候走上讲台，拿出一张纸，上面写着“1>3，1>多”，然后展示给下属，并且说道：“同事们，你们看了这道题有什么想法？是不是觉得很可笑？呵呵，是的，‘1’是所有自然数中最小的一个，但这是从数学的角度来分析的。而我要说的是，任何数字都不能脱离事物而单独存在。离开了具体事物的数字只能是单调的，只有把数字同具体事物联系起来，数字才被赋予了实际意义。这时候1就可以大于3，甚至大于多。就拿计划生育来说，为什么国家要把这个作为基本国策呢？因为多生不仅对自己无益，也给人民和国家增添了负担。少生优生，从这件事情的角度来看，1大于3，甚至大于更多。”

这位领导者在演讲开始就给大家抛出问题，大家都知道1是最小的自然数，不可能大于3，领导者就这样巧妙地激发了听众的好奇心，不走寻常路。在大家充满疑问的时候，领导者再向大家解释为什么1会大于3，原来是“另有隐情”。这种解释既满足了听众的思辨欲，又能够让听众对讲话者的主旨印象深刻。

脱稿讲话怎样才能吸引人，听众怎样才会喜欢，这是每个讲话者都关心的问题。在生活中，大家有时候会觉得有些人就像有魔力一样，他说的话你就是喜欢听，可要是问个为什么，他又会说：“不知道啊，就是喜欢听啊。”每个人都有其独特的魅力，所以不要掩饰自己的风格，听众更喜欢听有个性的人说话。当听众喜欢你的时候，就会愿意接受你的思想，耐心地倾听你的想法和建议。在听众面前有个好的印象，那么讲话者无论走到哪里都会赢得听众的赞赏。

那么怎样才能让观众喜欢呢？其实要想成为一个优秀的脱稿演讲者，就要学会抓住听众思想的节拍，当脱稿讲话者与听众的节奏合拍时，就能够赢得听众的信赖，听众就会喜欢你。俗话说“物以类聚”，说的就是有共同点的人才会聚集在一起，就像你和你身边的朋友，聊天的时候会有共同的话题，两个人可能因为相同的爱好就成为朋友，这都说明在某些方面两个人的节奏相似，所以相处起来会很和谐。节奏是连续进行的完整运动形式，用反复、对应等形式把各种变化因素加以组织，构成前后连贯的有序整体。节奏不仅仅限制在声音方面，情感也会形成节奏，人与人交流同样存在节奏。脱稿讲话者要想讨人喜欢、给人深刻印象，就要学会与听众的节奏合拍。在讲话的时候应当注意关注听众的眼神、动作，这些都有一定的规律性，要掌握这些规律并与之建立一个和谐的关系。所以，你在倾听别人讲话的时候应当要密切关注对方说话、呼吸和移动时的速度，并用这些信息缔造出和谐统一性。人们通常也认为这是建立和谐关系的关键。

在日常生活中，许多人都会有这样的经历：跟好朋友在一起的时候，两个人聊得很开心，当一方把话说到一半的时候，另一方就不自觉地说出下面的话；两个人在遇到一些问题时，会心领神会，一个眼神就会清楚对方要表达的意思。经常有人说，一对情侣在一起久了，就会越来越像，说话也像，走路也像，这就是常说的“心有灵犀”。两个人达到了一定的默契，就会觉得像是同一个人一样。所以说，在脱稿讲话的时候，要给听众制造和谐同步的感觉，拉近与听众的距离，这时候再与听众交流起来就容易多了。

某大学邀请一位业内德高望重的老企业家到学校做一次关于演讲技巧的报告，当时正是校园活动最活跃的时期，正在同时举行的活动还有校园十佳歌手大奖赛。老企业家站在讲台上时，发现台下还有许多空位，但是走廊上的学生却没有走进来坐到座位上。老企业家明白了，这些学生是还没有下定决心选择听学术报告还是去参加同时举办的校园歌手大赛。老企业家决定争取这部分人。

于是他放弃了事先准备好的开场白，说：“同学们，很高兴见到大家，首先今天是你们鼓舞了我，你们放弃了青年歌手大奖赛，选择来这里听我的演讲，你们一定是做了一番痛苦的抉择，最终很认真地做了选择。很多人在说与唱之间会选择后者，而你们却选择了前者；一般人在年轻小伙子、姑娘和老头子之间一定会选择前者，而你们却选择了我这半老头子。这说明你们还认为我这个老头子有点魅力，认定我会说得比唱的还好听，这让我由衷地产生一种优越感，这种优越感却是你们大家给我的，非常感谢你们。”

老企业家说完这段话，报告厅响起了热烈的掌声，走廊里的人也纷纷挤进来抢座位。

老企业家先把说与唱、年轻人与老头子做对比，再把学生们在说、唱二者之间的选择做对比，不但褒扬了听众，也巧妙地展示出自己的睿智，让听众与自己产生心理上的共鸣，从而争取到了那一部分犹豫不决、不知如何选择的听众。

没有比较，就没有优劣。任何事物经过对比，都能更清楚地显示出各自的特性，从而形成独立的个体，引起人们的重视。在演讲的过程中，我们也可以运用对比的方法唤起听众的心理共鸣，这样做不仅可以突出演讲的主题，还可以引起听众对演讲内容的高度重视，从而与演讲者产生心灵上的沟通。

技巧指导

如何使自己的脱稿演讲从思想深处征服听众，从而唤起听众的共鸣，这就成为演讲者最为关注的问题。演讲者发表演讲的目的就是要说服、鼓动、感召、吸引听众，那么怎样才能唤起听众的共鸣呢？

(1) 敢于标新立异

每个人都有好奇心，追求新奇是听众或者说所有人的正常心理。所以演讲者在讲话的时候可以利用求异为突破口，深刻地思考一下，设置新奇的悬念，吊足听众的胃口，充分调动听众的思维，不断给听众带来新鲜奇特的刺激，同时在设置疑问、质疑疑问、解答疑问的过程中，让听众有一种恍然大悟又不失合理性的感觉，这样会使听众产生愉悦的心理。

(2) 懂得听众的爱好

脱稿讲话者想要与听众实现节奏的同步是一件相当复杂的事情。讲话者可以感知听众的脾性，然后作出与之相应的反应。其实讲话者自身也会有许多个性特点，所以会从听众身上感知到不同的信息。听众不是木偶，他们坐在台下听你讲话时会思考，思考的结果会形成一种信号传递给你，你可以通过听众的普遍经历，再结合现场环境去靠近他们、感知他们。

听众不喜欢无聊的发言者。试想一下，有谁愿意浪费时间去听一段无聊的讲话呢？听众来听演讲，就是希望能够得到有益的信息。他们想要知道怎样才能开心，怎样才能有更大的收益，怎样教育孩子，怎样找到真爱，大家都想通过快捷的方式达到自己想要的答案。听众来听你演讲，就是要从你的讲话中得到“好处”，如果讲话者能够给听众有价值的东西，无论是好的建议，还是情感上的慰藉，或者是正能量的传达，他们都会因此而喜欢上你。了解听众真正关心什么，懂得他们的期望，这样才能让听众愿意听你讲话。

有研究表明，脱稿讲话者在说话时如果很紧张的话，就会特别注意那些有负面反应的听众，害怕带来不好的效果。其实，讲话者如果很紧张，就应该多多与那些对你发言显出极大热情的人进行互动，这样才会在心里形成一个肯定的信号，自信心自然会提升，紧张也就消除了。要知道，你是永远无法取悦所有人的。所以，大部分的人支持你，对你的讲话有兴趣，能够与你产生共鸣，那么你就已经成功了。

想让听众喜欢，就要展现真实的自己。有的讲话者知道自己很紧张，他们害怕听众看出来，就会故意隐藏。比如说有的讲话者很紧张，不知道手应该放在哪里，很不自然，为了掩饰自己的紧张，他会把手藏在背后。要知道，有句话叫作“欲盖弥彰”，越是隐藏，就越容易被发现。当听众注意到你这些行为的时候，就会对你的可信度有所怀疑，那么你给听众的信赖感就大打折扣了。

所以，向听众展现最真实的你，不加任何修饰，如果过度表现自己不紧张，也会给听众带来不好的印象。真实是讲话者最大的资本，也是讨人喜欢的关键。

(3) 善于使用趋同法

讲话者在诉说自身的经历、理想、生活时，某些听众就会联想到自己的经历、理想和生活，这时听众与演讲者在这些方面就产生了趋同的心理。演讲者可以从趋同的角度入手，去缩短自己与听众之间的心理距离。就像我们所说的有共同语言一样，讲话者可以唤起听众的共同体验，从而引起听众的心理共鸣。

(4) 恰当地使用反问的手段

反问是用疑问的形式表达确定的意思，以加重语气的一种修辞手法。反问只问不答，答案暗含在反问句中，人们可以从反问句中领会到表达者的真意。脱稿讲话中的反问是讲话者表达情感、与听众进行双向沟通的有效手段。因为它不需要现场听众回答，只是用反问的方式强调答案，引起听众共鸣，加强讲话者语言的感染力，把演讲推向高潮。

在脱稿演讲的过程中，讲话者也可以综合多种技巧，例如语气、语调、动作，还有前面章节说到的一些脱稿讲话的技巧，多角度、多方面地激发听众的心理反应，与听众产生心理共鸣，从而打动听众，达到最佳的演讲效果。总之，要学会随机应变，根据环境的不同，选择适合的技巧。

(5) 切忌讲“理”

脱稿讲话时，最忌讳的就是空泛的说理，长篇大论的理论不但会让听众感到疲惫，而且听众也不容易理解和记忆空洞抽象的理论。演讲者应该学会揣摩听众的心理，找到听众的需求点，然后用不同的方式讲出要阐明的道理。你可以举例解释那些生硬的道理，让听众有听下去的欲望，做到有趣地讲，这样才能使演讲深入听众的内心，才能够引起听众的共鸣。

(6) 用真情实感感动听众

人是有感情的动物，真情实感是艺术表达的灵魂，同时也是脱稿讲话生命力的源泉。所以，演讲者在讲话时要用真情实感去感动听众，用自己的经历去带动听众情感上的共鸣，打开听众的心扉。不过讲话者要切记，不要用“借来的情感”，听众不是傻子，是不是真情实感从讲话者的动作、眼神、表情里都能看得一清二楚。

(7) 给听众足够的想象

人的想象力是无限的，也正因为想象力强大，社会才会高速发展。在脱稿讲话的过程中，可运用想象来唤起听众的心理共鸣，让讲话者传达出来的想象变成听众头脑中的真实形象。当然这就需要演讲者运用语言、肢体等讲话技巧来阐明内容，生动形象的比喻和绘声绘色的描述都能感染听众，让听众心驰神往，演讲艺术也就得到了升华。

◎抓住听众心理，调动其积极性◎

范例点评

1972 年，美国总统尼克松到中国访问，在一次公开演说中，他说：“长城曾经是一道把中国和世界其他地区分隔开的墙，如今它已经不是了，但是，这个世界上依然有许多道城墙，它们把各个国家和人民分隔开。”说到这里，在座的人都好奇尼克松葫芦里卖的什么药，尼克松接着说：“4 天以来，我们已经开始拆除把我们分隔开的城墙。”直到尼克松说完这句话，在座的人才把悬着的心放下来。

尼克松用比喻的修辞手法来开场，把各国之间的障碍比作城墙，让在座的人都集中精神思考他的话，可谓标新立异，抓住了人的心理，并在尊重民族文化的基础上，打破常规，令自己的讲话更加深入人心，这是一次非常成功的演讲。

好奇心人人都有，好奇心和求知欲是人的本能。在脱稿讲话的过程中，激发人们的好奇心和求知欲，让听众处在兴奋的状态，这不是一件容易的事情。而标新立异的讲话就是设置兴奋点的好办法。

那么讲话者为了使演讲更加吸引人，就应该在尊重民族风俗和传统文化的基础上，对演讲的内容进行符合情景的融合和再度创造，打破既定的思维模式，做到符合听众思维习惯的创新。

缺少听众参与互动的讲话，就像孤掌难鸣，聪明的讲话者会想尽办法调动听众的情感、兴趣与体验，让听众主动参与到讲话中，因为一场成功的演讲并不是讲话者能够独立完成的，而是讲话者与听众共同合作的结果。

技巧指导

一个成功的脱稿演讲者最擅长操控听众的情绪，懂得抓住听众的心理。如果能够让听众对你讲话的内容感兴趣甚至如痴如醉，那么你就已经掌握了听众，可让听众跟着你的思路进入到你讲话的情境中去。

调动听众主动参与的积极性，让大家的思绪都集中在你的发言上，这要比讲话者一个人站在那儿唱独角戏好得多。演讲注重情绪、氛围，一个人口若悬河地说得再精彩也不算成功，因为那只是你一个人的表演，成功的表演是讲话者与听众思想的交流，脱稿演讲者在其中扮演的角色是引导者。那么怎样才能调动观众的积极性，让观众参与进来呢？方法有很多，但没有一个方法是可以作为模板通用的，所以要根据不同的情况使用不同的方法。以下方法大家可以作为参考。

(1) 善于激发听众的积极性

演讲注重气氛，气氛上来了，演讲就成功了一半。所以说，脱稿演讲者在讲话的时候，语言应具有强烈的鼓动性和号召力，争取做到动之以情、晓之以理，让听众的情绪达到一个高点，以激发听众的积极性。

脱稿讲话不但要做到语言通俗易懂，更要准确、规范、有鼓动性，最好是把口语表达和书面表达结合起来。口语表达的特点是亲切、简洁，容易让听众接受和理解，但是说服力却不够强；而书面表达的特点是精确、规范、优美大气，但是结构太过复杂，书卷气息太浓，不利于听众理解和接受。脱稿讲话者要把二者结合起来，扬长避短，将书面表达精心提炼，加入到口语表达中去，使演讲不但具备口语表达活泼流畅、通俗易懂的特点，还能够吸取书面表达精确规范的特征，鲜明地传情达意。在脱稿讲话的过程中，不时地煽动听众的情绪是很重要的，能够帮助讲话者打破沉闷的气氛，唤醒听众的求知欲与好奇心。

中国文化博大精深，句式的变化更是独具魅力。汉语的句式多种多样，有主动句、被动句、疑问句、反问句、肯定句、否定句等等。不同的句式所表达的意义各不相同，这也正是中国文化的魅力之所在。脱稿讲话者在明确自己讲话目的的同时要结合语境选择最佳的句式来阐明观点，不同句式的语气语调都有其独特的表意功能。比如前面讲到过的反问句，反问的目的不是要听众去回答，而是唤起听众的思辩欲，让听众思考讲话者的观点，仔细琢磨研究，并且最终接受。但是，在使用反问句式的时候，要建立在有理可依、有据可循的基础上。在阐明事实、讲述真理的时候就要多使用肯定句，用句式结合语气语调来使讲话更具说服力。不同句式的应用不但可以调节气氛，还能够突出讲话的重点，使听众对讲话的内容有清晰的认识，这样才能够有效地激发听众的参与热情。

(2) 讲话要有张有弛

心理学研究表明，人在听他人讲话时，注意力无法长时间集中在讲话上，每间隔五到七分钟就会分散。所以，为了长时间保持听众的积极性，脱稿讲话者就要注意讲话的度，要像山脉一样，有高峰有低谷，张弛有度。每年的春节联欢晚会从 8 点开始，一直持续到 12 点，观众根本不能连续 4 个小时盯着电视屏幕，所以在节目的编排上就会有所设计，开场要活跃、喜庆，一般都是大团体舞蹈，烘托团圆的气氛，每三到四个节目之间都要有一个小高潮，持续刺激观众的视听感受，让观众愿意继续看下去。演讲也是一样的，无论是从内容、语言，还是情感、动作上，都应该有所变化，有高潮，有低谷，不能持续一个节奏不变。语调有高有低，内容有详有略，情感起伏跌宕，才能不断刺激听众的参与热情，调动听众的积极性。脱稿演讲者在运用不同语调表达观点的时候，要注意根据句意、句式、情感来恰当地选择语调的高低，不能乱用。同时，无论运用什么样的语气语调都要时刻保持自信，这样说出的话才有说服力。在脱稿讲话的过程中，一些讲话者对于要着重表达的意思或重点强调的问题，都应该加强语气，并且配合反问的句式，提高声调，听众的思绪也会跟着上下起伏。如果讲话者想给某件事情或某个观点下结论，应尽量用重音来突出你的理念，这样听众会很虚心地接受你的讲话，完全相信你的答案，并且认为你的见解独到而有分量。这是一种暂时的“心理控制法”，脱稿讲话者充满自信，听众就会心甘情愿跟着你的思绪走。

古巴卡斯特罗是一位出色的演讲家。他演讲时，情感饱满真挚，声音随着情感和内容的变化时而高昂，时而低沉，听起来气势磅礴，让人不得不信服。听众的情绪也随着他的情绪变化而变化，严肃时鸦雀无声，激动时掌声雷动，将演讲一次又一次推向高潮。所以掌控好讲话的节奏，张弛有度才能影响并带动现场气氛，激发听众的兴趣和积极性，让听众随着讲话者的思维一起参与到整个情境中来，完成一次成功的演讲。值得注意的是，一场优秀的演讲应该是互动的、人性化的，所以不要生搬硬套句式，那样反而失去了自我的特色，让整场演讲变成句式大比拼。

(3) 让情绪配合你的演讲

脱稿讲话者在每次演讲前都要进行自我调节，只有讲话者的情绪对了，听众才会跟着你的情绪走，才会被你的讲话吸引住。所以，在临场前，应把自己的心态调节到最佳程度，让自己的情绪激动起来，以充分的自信心、坚定的信念、饱满的情感投入到演讲中去。

脱稿演讲者在演讲的过程中，情绪越激动，态度越真挚诚恳，就越容易带动听众的情绪，使听众完全融入到你所营造的氛围中去。比如，在表达喜悦时，面部肌肉放松，嘴角微微上扬，眼光温和明亮；在表达愤怒时，面部肌肉紧锁，嘴角会不自觉地向下撇，眼神尖锐犀利；在表达悲伤时，眉角下垂，眼神哀愁；在表达惊讶时，嘴巴张开，眼睛睁大。总之，表情是情绪的外在体现，每一种情绪都有其特定的表情，每一种表情都要从内心发出。在脱稿讲话的过程中，切忌平淡，宁可多用夸张的表情让讲话显得有生机，而不是枯燥乏味，听众也就自然有积极性听你的讲话了。

(4) 懂得在讲话中恰当地使用挥手姿势

在脱稿讲话的过程中，挥手所起到的积极作用是不能忽视的，通过举起或挥动手臂可增强传情达意的效果。在战争题材的电影中经常会有这样的情节：战场上，指挥员一挥手臂，战士们就开始冲锋陷阵。这时候挥手不仅仅是命令和指示，还是鼓舞士气的方式。在脱稿讲话的过程中，讲话者也要学会运用挥手的方式。一般来说，挥手在讲话中有以下几种作用。

A. 表示充满信心和坚定的信仰

公司领导在新项目运行前，给员工鼓劲打气："我相信，这个项目我们一定会成功，大家有没有信心?"这时候，领导加上挥手的动作，且要有力量，将势在必得的气势烘托出来，会使整个讲话达到高潮，员工们才会在接下来的工作中充满干劲。

B. 表示惜别

在讲话结束后，脱稿讲话者经常会跟听众挥手道别。这一手势的正确用法是：

身体挺立，不要来回走动和摇晃；

目视对方，眼神不要四处漂移，左顾右盼；

挥手时尽量用右手；

手臂尽量向前向上，不要在胸前晃来晃去。

C. 表示举手致意

脱稿演讲者在讲话时，会碰到有相熟的人坐在听众席，这时候又不能停下讲话与他打招呼，讲话者就可以举手并微笑地向对方致意。

举手致意的正确做法是：

面带微笑，与对方眼神相交，微微点头；

手臂轻缓地抬起，向侧上方伸出，停顿一下；

致意时手掌张开，掌心向外对着致意的人；

手臂抬起时不要来回晃动。

挥手是一种有效的辅助演讲的肢体语言，但是在脱稿讲话中使用的频率不要太高，要恰当使用，应根据具体的讲话内容和情感释放的需要来使用。

(5) 讲话要能够将情景气相结合

脱稿讲话中的情指的是触景生情：由景物衍生情感，最终形成口语表达。详细来说，人们从景到声要经历三个阶段，这三个阶段的关系是环环相扣、缺一不可的，即景生情、情生气、气生声。

“景生情”是说景和情的关系，先有景，再生情。2008年汶川大地震时，救护人员看到现场的景象是：“房屋倒塌，道路阻断，废墟中的呻吟伤患”。这时，内心同情悲伤的情感就会油然而生。情是看到景象而产生的，因为凄惨，所以唤醒人们内心柔软的部分。再比如，大家看到中国健儿在奥运赛场上勇夺冠军，场上同时升起五星红旗、奏响国歌，那种对祖国的一腔热血瞬间就会沸腾起来，这也是情，是中华儿女对祖国的热爱之情。所以说，景生情是由特定的场景衍生出来的特定情感，不同的景产生不同的情。

“情生气”，也就是说，情绪的发生会影响气息的状态。看到汶川地震的悲惨场面时，心情是沉痛的、伤感的，气息也就自然沉缓；看到运动员夺冠，国旗升起的时候，内心是激动的、自豪的，气息也就自然饱满；到医院看望病人的时候，一定是怀着一颗关怀的心，这时候气息自然是柔和平稳的；看到有人违法犯罪的时候，内心是愤慨的，充满怒火，这时候气息自然是剧烈的。这就是由情生气，不同的情产生不同的气息。

“气生声”是气息带动声音的变化，气息是声音的原动力，通过肺部气息与新鲜空气的转换带动声带振动而发出声音，所以气息大声音就会洪亮，气息小声音就会低沉。气息决定音量的大小，声与气的关系是同步的，声细气一定细，气粗声也一定小不了。

（6）懂得使用留白方法

脱稿讲话者，在讲话时不要面面俱到地解释所有问题，要学会给听众的思想留白，让听众有思考的余地，不是一味地灌输，在语言之外给听众留下思维联想的空间。在表达情感时，主要引导听众，引而不发，听众会自然而然地动脑思考，填补你留下的空白。讲话者在阐发道理时不要嚼得过烂，用事实说话，听众会有自己的想法，之后再说几句“点睛”之语，让听众心服口服。列举事例时，要采用由点及面的方法来讲述，慢慢展开，让听众有意外的收获。

第八讲 ╱ 激情
让演讲声情并茂，有张有弛抑扬顿挫

内心的热情要说出来，有激情的演讲最能震撼人心。演讲者通过抑扬顿挫、声情并茂的演讲，用激情的力量触及听众内心的灵魂，感人肺腑，震撼人心，荡涤心灵。

◎内心的热情要说出来◎

范例点评

杰克是一名非常优秀的销售人员，在一家知名的销售公司任职。一次演讲中，他说自己已经可以使“兰花”在无种无根的情况下生长，但这是有违常理的。他接着说：“有一次，我将胡桃木灰撒在新耕过的田地里，然后兰花就长出来了，所以我坚信，胡桃木灰——并且只有胡桃木灰，才是兰花生长的原因。”

在评委评论环节，评委向他指出，如果这个惊人的发现是事实的话，杰克将会在一夜之间成为富翁，因为兰花种子的价值很高，并且这个发现是史无前例的，他将因此成为这项发现的第一人，也会为人类历史的发展作出杰出的贡献。但是，事实上，从来没有人能够从无机物中培养出生命，奇迹会在杰克身上发生吗？在场的其他听众也不相信，所有人都抱着怀疑的态度，唯有杰克坚持自己的意见，并声称自己绝对不会错。他对自己的这个发现热衷到不可思议的地步，还激昂地讲述了自己的经验，又给大家展示了更多的资料，用理据说服大家。从他的声音中，听众感受到的是真诚和力量。

但是评委还是坚持说他不可能是对的，这种从无机物中培养出生命的可能性为零，但杰克还是不服输，他站起来说："我们来赌五美元怎么样？让农业部来验证。"在座的听众听他这样说，开始窃窃私语，有些人竟然动摇了，开始相信杰克的说法。听众为什么会改变自己的看法呢？就是因为杰克对自己观点的热情和讲话的激情震撼了他们，让听众对自己都产生了怀疑。

杰克的例子足以说明，演讲者在脱稿讲话的过程中，对自己的观点极其坚持，并且充满热情，激情澎湃地给出理据、说明原因，便会使他人相信，即便他说了一件根本不可能的事情，但是他确实靠自己的热情感染了听众。听众被他讲话的语气语调、认真诚恳的态度感染了，因此他们开始相信一件不可能的事情。这就是激情带给演讲者的最大收益，如果脱稿讲话的时候，讲话者整理的资料是正确的真理，那将会更有说服力。

大家是否注意到一个问题，在许多成功的演讲案例中，演讲者的激情是起着关键性作用的。脱稿讲话者在讲话过程中，始终保持旺盛的精力，对自己所讲的内容充满激情，并带动现场的观众，点燃气氛，讲话者自身就会变得更有吸引力和号召力。讲话如果缺少激情，就会显得萎靡不振、苍白空洞。每个人的内心都是充满激情的，只是在生活中很多人都不愿意将自己的感情暴露在他人面前。

在脱稿讲话的时候，讲话者的感情会透过他的表达自然地流露，真情实感地传达信息，这样的表达才能够感染听众。如果能够充分调动自身的情感、情绪，用情打动听众，那么听众就会自然而然地被讲话者吸引，集中精神听你讲话，注意力也就完全掌控在你的手中了，这时你也就得到开启听众心灵之门的金钥匙了。

每一个脱稿讲话的人都十分在意自己的选题能不能吸引听众，能不能让听众感兴趣。其实，这很简单，只要尽情发挥你的热情，坚信自己的观点，并用最激昂、真诚的态度表达出来，你就一定能够得到听众的信赖，不用担心他们对你的讲话不感兴趣了。

技巧指导

林肯在就任美国总统时曾发表过一篇演说，这篇演说至今被称为“人类最光荣且最宝贵的演说之一，是最神圣的人类雄辩的真金”。到底是怎样的演说，才能获得大家这样的赞誉呢？他的演说内容是这样的：

“我们都热诚地乞求，大灾大祸能够早早结束，无论面对什么样的人，我们都要保持一颗慈爱而非怨恨的心，我们坚持真意，努力整顿已经残破的国家，纪念战死的烈士，善待孤儿，维护人与人之间的和谐，国家的永久和平——这是我们的工作，是职责。”

曾有人评价林肯：“他在葛底斯堡的演说已经十分精彩，但是他的就职演说更胜于它。这是林肯一生所做演说中最感人的一篇，他的这次演说激情澎湃、热血沸腾，使他的人格魅力散发出耀眼的光辉。”

人人都希望能够成为像林肯这样充满激情的演讲者，但是具体应该怎样做呢？脱稿讲话者可以参照以下三点，它们将会在你的演讲生涯中充当重要的角色，帮助你散发自身的热情，抓住听众的心。

(1) 对自己讲话的主题有深刻的感受

在脱稿讲话中，讲话者自身要对自己所讲的主题有深刻的感受，这是非常关键的问题。如果讲话者对自己的主题都没有特别的情感，得过且过，那么听众怎么会信服你呢？只有讲话者对自己的题目有实际的接触，或者做过深入的研究和思考，那么讲话者自己才会对主题充满热情。所以，关键在于讲话者自身对主题是否了解，在准备材料的时候是否投入。

(2) 内心的热情要表现出来

讲话者要在脱稿讲话中给听众一个感觉，让听众觉得你对自己即将说的话有强烈的愿望，你要把自己的观点分享给他们，你所谈到的问题能给他们带来实际的收益，他们听了之后可以有所感悟，哪怕这样的热情是为了演讲而演出来的。听众的情绪是否会被你的热情所感染，完全取决于讲话者自身的情绪。所以，讲话者走上讲台时，首先要用眼神表达出这种热情，精神状态积极，在一开场就会给听众留下热情洋溢的印象。

在进行脱稿讲话之前，如果讲话者非常紧张，可以在上台前做几次深呼吸。上台之后，要从容自然，不随便倚靠讲桌，挺胸抬头，告诉自己：“我现在讲的话题对听众来说是非常有价值的，听众非常渴望知道我的讲话内容。”在这种自我心理暗示之下，你全身的各个器官都会协助你，你的每一条神经都会高速运转，帮助你做好这次讲话。讲话者要摆出势在必得的架势。

有人把脱稿讲话者上台前的这些准备和心理暗示定义为预热反应。在脱稿讲话中，预热反应是有助于演讲者表达情绪情感的。《有效记忆的技巧》一书以罗斯福总统作为范例，说明了这个问题。书中说罗斯福活泼愉快地度过一生，他总是雀跃的，充满活力和热忱，这是他的特点。罗斯福总是对自己所做的事情抱有浓厚的兴趣，甚至有一种浑然忘我的姿态，或者他是假装的，但他表现出来的就是这个样子。总之，讲话者要把自己内心深处的热忱表现出来，如果你在脱稿讲话中充满热情，你就会明白热情是需要用真情实感来描述的。

(3) 细致地描述真情实感

脱稿讲话者将自己的感受描述得越清楚、越细致，就越能够感染听众，给听众一种生动逼真的感觉。讲话者可以用局外人的身份来讲述，但是如果你对自己所讲述的内容有着亲身体验和感受，那么你的讲述会更加明确、更加动人，表达也更有说服力。但是，如果讲话者用第三人称来表述，就不会给听众留下深刻的印象。

脱稿讲话的时候，讲话者可以根据自己对材料整理的体验和热衷来充分表现自己的热情与激情，不要压抑自己的情感，只有讲话者的情绪上升，听众才能被吸引。所以，你的真情实感请尽量抒发出来，让听众知道你对自己即将讲话的内容倾注了太多的心血，他们会被你的真诚所打动的，自然而然就会投入到你的讲话中去。

◎"动作表达法"让演讲激情澎湃◎

范例点评

小李是某大学辩论队的队长，曾经代表学校参加过多次大学生辩论赛，并取得优异成绩，三次被冠以"最佳辩手"的称号。在一次以"国学教育与现代教育哪个更适合"的主题辩论赛上，作为正方一辩，他是这样发言的："在谈这个话题之前，我想请大家明确一下，什么是国学?"在说这句话的时候，他伸出右手的食指，抬起手臂，让食指靠近面部的右前方，指尖向上，身体略向前倾斜，给人一种他即将要开始做一个很深入的探讨的感觉。他接着说："章太炎先生在《国学经典》中有个粗略的论断，即'一国所有之学也'，也就是说它包含了一个国家所有的学术和文化……"他在发言中，不但充分阐述了国学的范围以及一个国家的根基便是国学，而且还运用手势、动作来辅助他的表达，使语言更有节奏感、说服力，最终赢得了热烈的掌声。

小李在辩论赛中运用手势加强语气，使他的表达声情并茂，他所运用的就是"动作表达法"。在脱稿讲话的过程中，讲话者运用动作表达法，可以让自己的讲话由无情变为有情，让讲话活泼生动、情感饱满、丰富多彩。

试着用动作表达法来说一下"速度、力量、激情"这句话。说

“速度”的时候，拇指和食指扣拢，迅速地向前方刺去，然后有力量地停顿；说“力量”的时候，双手呈握拳状，抬起双臂，用力将拳头小幅度下沉，以展示力量；说“激情”的时候，单手握拳，举起手臂，向上伸展，举过头顶，让自己感受到向上的力量。加上了动作之后，讲话者身体的肌肉会不断地收缩，声音洪亮有力、热情饱满，感情自然而然就流露出来，脱口而出的语言激情澎湃。

为什么运用动作表达法就能让自己的感情表达出来呢？分析起来有两个原因：

一是身体内的血流量增加。

人在做动作的时候，身体的肌肉会不断收缩，血流量会增加。所以，人在讲话的时候加上动作，马上就会变得有激情，这不是凭空捏造的，而是有科学依据的。著名的手移植专家顾玉东曾在一篇研究报告中讲道：手部在做一些简单的动作时，大脑的血流量会增加10%，如果手部做一些复杂或者有力度的动作时，大脑的血流量就会增加35%。这就是手势可以带动情绪、让大脑兴奋起来的奥秘。

大家有没有过这样的感受：吃完午饭就易犯困。这是为什么呢？因为这时候人体的血液都集中到胃里帮助胃消化，而大脑就会暂时出现缺血的情况。大脑缺血人就会觉得疲劳、发困，无精打采，就会想睡觉。那么反过来说，人在大脑供血充足的情况下，就会精神抖擞、情绪高涨。所以，当我们的手在做动作的时候，大脑的血流量突然增加，讲话者马上就会精神百倍，情绪也会高昂起来。

二是能够保持人体节奏的一致性。

什么叫人体节奏的一致性？所谓人体节奏的一致性就是说手在做

动作的时候，肌肉收缩能够带动声音的情感，使得动作和声音形成共鸣。

人的身体是一个整体，那么这个整体里面所有部位的节奏都是一致的。脱稿讲话者在做手势的时候，马上就会带动身体的其他部分，包括气息的转换、血液的流动、肌肉的收缩、声音的大小，而它们作为身体这个整体的一部分就会按照同一个节奏和谐地运动。比如前面说的在说“速度”的时候，加上手势，人的气息就会加快，血流量会增加，肌肉收缩也会更加明显，声音自然就会随之充满力量。

技巧指导

手的感情节奏会带动口的感情节奏。所以，脱稿讲话者在平时练习的时候就要注重手势的应用，运用动作表达法来练习，久而久之，把动作表达法融入到脱稿讲话中，形成一种习惯。自然而然地，讲话者脱稿讲话的时候就会充满激情，语言也会更有说服力，告别那些胆小、紧张、无精打采的毛病。那么手势的作用除了能够带动情绪外，还有什么呢？下面给大家举两个具体的例子。

（1）每个人脑中都有一幅图画

人的脑中会有形象，是因为每个人的右脑中都有一个装有各种形象的大仓库，仓库里面储存着大量的形象画面。而这些画面是人们从生活体验中慢慢积累下来的。人们通过耳朵、鼻子、眼睛等器官感知到的这些客观事物叫作外形象，而外形象转换成记忆储存在人们的头脑中的，就叫作内形象。

语言属于抽象概括的符号，很难用于直接再现事物可感受到的属性。所以，一般来说，语言形象不可能像造型艺术形象那样，可以受视觉的直接把握。但是，高尔基曾经在《和青年作家谈话》一书中说过："语言是一切事实和思想的外衣。"语言具有概括功能，这一功能又使得它不受直接感知的局限，能够自由灵活地引发人们产生各种具体生动的想象。所以说，听觉是能够引起听众根据自己的生活经验进行"再创造"的想象活动，让听众身临其境。

上面所说的内形象的仓库，人人都有。那么为什么有的人讲话能够做到生动形象、声情并茂，而有的人却不能把讲话做到有形象呢？这也就是下面要说的手势能够调出头脑中形象的问题。

(2) 让手势描绘出形象

同一个人，说同一段话，不加动作说就会很死板，呆若木鸡，加了动作之后再说，立马就会变得活灵活现，对此好多人都觉得不可思议。这也就是说，手势有一个功能，它能够立刻将人们头脑中的形象调动出来，变成口语表达的形象。就像交响乐一样，每一个手势就是指挥家手中的指挥棒，只要它一动，就能够随时把形象从头脑中调出来。它要是不动，头脑中的形象也无法出现。

其实手势能够调动头脑中的形象这一功能是人类长期进化的结果。人类从最初的爬行动物变成直立动物，最开始就是把手解放出来，手不再需要负担行走的任务，也不用再依靠手来起到支撑的作用，并且手指能够灵活地活动。手作为人类第一个被解放的身体部位，之后成为人与人之间交流和沟通的首选工具。人们将通过眼睛看到的事物存储在头脑里，再用手和手臂的动作来传递不同的信息，形成外在的形象符号，完成人与人之间的交流和沟通，长久以来就形成了人类最早的语言——手势语言。手势语言同时也促使人类看到形象，进而存储形象，最终形成手势表达形象，这早在人类进化初期就形成了固定的联系。

之后，随着人类的再次进化，口语诞生了。口语相对于手势语言来说，具有更多、更明显的优势。比如说，口语表达消耗的能量少，而手势语言消耗的能量多；口语随时随地都可以应用，不用考虑天气、环境的变化，但是手势语言在黑夜就没办法识别了，它会受到光线的影响。所以，遵照优胜劣汰、适者生存的法则，口语随着时间的推移逐渐取代了手势语言，最终形成现在以口语为主、手势语言为辅的表达形式。所以，只要一做手势，眼前就会出现形象；看到了形象，就可以用嘴说出来。这种功能人人都具备，只在于有没有被开发出来而已。

举个例子，“绿豆”和“西瓜”在我们生活中是常见的，人人都用眼睛看到过、用手摸到过。这些已经客观存在的样子就是外形象，当“绿豆”和“西瓜”的形象通过人脑的记忆储存在大家的右脑中时，就成为典型的内形象。

再比如，李白有首诗歌《望庐山瀑布》，其中是这样描述的：“日照香炉生紫烟，遥看瀑布挂前川。飞流直下三千尺，疑是银河落九天。”这首诗当中所提到的“香炉峰”、“瀑布”、“飞流”、“银河”都属于客观存在的外形象，是人亲身看过或者通过电视、电影、报纸等传媒渠道看过的场景，然后这些形象就通过记忆存储在人的大脑中，这就是由客观的外形象变成人脑中的内形象。

来做一个体验练习，试一试手势是否有调出形象的功能。

用两种方式说“绿豆那么小，西瓜这么大”这句话。

第一种方式，直接说不加手势。这样的结果就是，只是在单纯地念出文字并发出声音，语言没有调出事物的形象。

第二种方式，边说边加上手势。在说“绿豆那么小”时，右手的拇指和食指靠拢，留出一点空隙，然后眼睛盯着手指，加上这个动作，马上就会给人们一个立体的形象，好像手上就有一颗绿豆一样，说起话来也会栩栩如生，充满形象感。在说“西瓜这么大”的时候，两只手夸张地呈抱大西瓜的样子，手掌伸开，五个手指向中心弯曲，这个手势一加，人们马上就能在脑子中找出相应的形象。这时候再夸张地放大声音，“西瓜”的形象马上就出来了，仿佛自己就抱着一个西瓜一样。

但是，虽然口语已经取代了手势语言，但是人类在这么漫长的岁月里，仍然保留着手势语言这种传达信息的工具，说明它表达形象的功能还存在，以至于保留到今天。

◎设计讲话中的“包袱”◎

范例点评

有一位幼儿园老师，她在给小朋友讲故事的时候，总是用相同的词。在说公主的时候，她会说公主很美丽；讲到月亮的时候，她会说月亮很美丽；讲到假山、湖泊、草地等等，都要用美丽一词来形容。

其实形容词有很多，像是形容月亮的时候可以用迷人，形容假山的时候可以用高大，形容湖泊的时候可以用清澈，形容草地的时候可以用翠绿等等，这样才能形容出具体的形象，吸引小朋友听故事。

有的人说话的时候，总是重复说那些相同的名词。一个词说的次数多了，便缺少了新意。就好像有的人最开始用花比作漂亮的女人，那么他是聪明的，但是之后不断有人用花来比作女人，那些人还算是聪明人吗？哪一个人不喜欢新鲜事物呢？重复地使用那些相同的名词，只会让听众觉得枯燥乏味，听来听去都一个样，没有新意，久了就会使人产生厌倦之感，非常乏味。

相信没有一个人会对那些平淡如水、枯燥乏味的发言有兴趣，所以在脱稿讲话的过程中，要想让听众持续对你所说的内容感兴趣，就要不断地使用新鲜名词，生动形象地向听众传递信息。讲话者要想使自己的发言生动活泼，就要注意同一个名词不能同时形容不同的事物，同样的名词也不能在一段讲话中用太多次。

技巧指导

在脱稿讲话的过程中，要想不断地给听众带来新鲜感，就要不断地变化，不能总是按照一个模板讲下去。可以参考下面的方法。

（1）不断变化风格

诸葛亮在舌战群儒的时候，就根据不同的说话对象，运用多种讲话风格。在面对东吴那些心怀鬼胎，试图向曹操投降的大臣时，诸葛亮选择谈笑风生，用其犀利的言辞嘲讽薛综、陆绩；面对虞翻、严峻的时候，诸葛亮言辞激昂；诸葛亮还巧妙地激怒孙权、周瑜，为火烧赤壁、战败曹营奠定了坚实的基础。

有一次，国画大师张大千参加其弟子为他举办的饯行酒宴，酒宴邀请了社会各界名流。大家入席之后，都不是很放得开，显得有些拘谨。宴会开始后，张大千先是举杯走到京剧大师梅兰芳的桌前，说："梅先生，您是君子，而我是个小人，这杯我先敬您！"说罢便一饮而尽，在座的宾客都吃了一惊，梅兰芳自己也百思不得其解，便问道："此话怎讲？"张大千笑了笑说："您是唱戏的，动口，您当然是君子啦；而我是画画的，动手，我不就是小人嘛！"满堂宾客听了张大千的话后，哈哈大笑，梅先生听罢也是乐不可支。此时，宴会的气氛一下子就轻松起来了。

张大千用幽默的语言调节了现场的气氛。幽默是一种语言风格，他善于巧用这种风格来活跃现场拘谨的氛围，可以看得出他善于使用说话的技巧，懂得如何才能取悦听众，真是技高一筹。

(2) 要常常变换句型句式

人类语言丰富多彩，句型的变化也能够起到丰富演讲内容的作用。一般讲话都用主谓宾的句型，这样可直接表露讲话的目的，多用于日常交流、演讲报告、主持节目、商场促销等活动中，能够让听者直接准确地了解到讲话者要表达的目的，不拐弯抹角。其实，句型有很多，如祈使句、反问句、倒装句等，像反问句就常常被讲话者应用于脱稿讲话中，起到强调内容、肯定答案的作用。

(3) 多角度全方位讲话

视角是指人观察事物的角度。同一个事物，从不同的角度来看、来分析，那么所得到的认知结果也是不相同的。语言表达的视角，在脱稿讲话中同样占有相当重要的地位。人的思想概括起来就是“情”、“意”两个字。一段话，在表达感情的时候，视角应该随着“意”的变化而变化，随着“情”的转变而转变。

美国著名作家马克·吐温便善于利用这一方法，采用多角度表情达意，甚至应付他人无礼的责难。在一次酒会上，马克·吐温在回答记者的问题时说：“美国国会中有些议员简直是一堆狗屎。”议员们知道这件事情后，非常震怒，联合起来要求马克·吐温公开道歉并予以澄清，否则就将他告上法庭。没过几日，马克·吐温就在《纽约时报》上刊登了致联邦议员们的道歉启事：“我考虑了很久，觉得我说的话不太恰当，也不符合事实，特此登报声明，现将原有的话修改如下，‘美国国会议员中有些议员不是一堆狗屎’。”

马克·吐温这一做法是巧妙地利用了肯定与否定的关系，将同样的意思用不同的句式表达出来，看似不同，其实他仍然坚持自己对议员们的轻蔑和鄙视。

第九讲 ／ 气氛
让演讲妙趣横生，有说有笑气氛活跃

演讲中，气氛的活跃与否基本决定着演讲的成败，应调动现场的气氛，让演讲张弛有度，高潮迭起，告别死气沉沉。

◎将听众带领到精神“高地”◎

范例点评

美国第十六届总统亚伯拉罕·林肯出身于一个鞋匠家庭。

当时的美国社会是非常看重门第的。在竞选总统的时候，林肯在参议院发表演说，一个参议员想借此来羞辱他，让他下不来台。

那位参议员轻蔑地说：“林肯先生，在你开始演讲之前，我想提醒你，不要忘记你是一个鞋匠的儿子。”

林肯不卑不亢地回答：“非常感谢您在此提及我的父亲，我非常想念他，虽然他已经去世了，但我会永远记得您的这句忠告，因为我知道我做总统永远无法像我父亲做鞋匠做得那样出色。”这样的回答是那位参议员意料之外的，这句慷慨激昂的话使整个参议院一下子变得异常安静，大家都陷入了沉默。林肯转过头对那个傲慢的参议员说：“根据我的记忆，我的父亲以前曾为您的家人做过鞋子。如果您的鞋子不合适，我可以帮您修好它。虽然我不像我父亲那样是个伟大的鞋匠，但我从小就跟随父亲，在他身上学到了做鞋子的技术。”然后，他又对在场所有的参议员说：“对参议院的任何人都一样，如果你们穿的鞋子是我父亲做的，它们现在如果需要修理或改善，我一定尽可能帮忙。但是，我要说明，我无法像他那么伟大，他的手艺没有人比得上的。”说到这里，林肯激动地流下了眼泪。

听完林肯说的这段话，参议院里所有的人都被他的深情和不卑不亢的态度感动了，就连那个嘲笑他的参议员也惭愧地低下头，并且和大家一起真诚地为他鼓掌。

林肯不为自己是鞋匠的儿子而感到羞怯，深情地说出自己对父亲的尊重与爱戴，用真情感动他人，拉近与他人的心理距离。俗话说“儿不嫌母丑”，任何人都有父母，无论出身如何，血浓于水的亲情是不能改变的，也是最能打动人心的。林肯这番推心置腹的讲话获得了其他参议员的普遍认同，他从而一举获胜，赢得了满堂掌声。

大量的事实证明，讲话的魅力并不在于辞藻的华丽、语意的流畅，而是在于你是否对自己所说的话倾注了感情，是否用真诚的态度去表达!那些销售精英并不一定都是极有口才天赋，与谁交流都能够口若悬河的人，善于表达真诚的人更能赢得人心。当脱稿讲话者用得体的话语表达出真诚时，首先就赢得了听众的信任，与听众之间建立起信赖的关系，听众也就可能由信赖你这个人进而喜欢你说的话，最终认可你的演讲。

脱稿讲话也是一样，那些把稿子背得滚瓜烂熟，讲得顺畅的演讲不见得就是最优秀的演讲。辞藻华丽、滔滔不绝的讲话虽然听起来流畅优美，但是如果这其中没有了最本真的诚意，那么也就失去了吸引听众的魔力，就会像缺少生命力的花一样，虽然美丽但并不鲜活动人，缺少了灵气。因此，脱稿讲话者首先应想到的是，怎样把你的真诚注入讲话之中，如何把自己要表达的心意传递给听众。只有当听众感受到你说话的诚意时，他们才会打开心扉，接纳你讲话的内容，讲话者与听众彼此之间才能实现良好的沟通和情感上的共鸣。

就像白居易所说："感人心者，莫先乎情。"讲话的时候既要以理服人，又要用情动人。人是有感情的动物，语言所承载的信息除了那些理性信息外，还有感情信息。感性信息的内涵是十分丰富和细腻的，它不仅能够向人传达理性的概念，更能够打动人内心最深处、最柔软的地带。

诗人白居易说："功成理定何神速，速在推心置人腹。"这里所说的推心置腹就是指人说话的时候要真诚。所谓真，就是指讲话不矫揉造作，不轻佻浮夸，向他人展现的是说话者最本真的自我。所谓诚，就是指真心真意、不隐藏、不掩盖、不弄虚作假，而是真情流露。

除此之外，脱稿讲话者还要注意的是，在脱稿讲话的过程中，要让听众感受到你表达情感的真实性，那么就必须做到自己说的话一定要发自肺腑。作家王潜先生曾告诫大家："说话人佯装对自己所说的话毫无情感，把自己真实的内心隐藏在幕后，也不理睬听众是谁，不管听众接不接受、愿不愿意，就不痛不痒地从头到尾背诵一些冷冰冰的条条儿，玩弄一些听众难以理解的抽象概念，或者是罗列一些干巴巴的没有营养的事件，没有一丝丝的人情味儿，这只能是掠过空中的一种不明来历去向的声响，是‘耳边风’，吹过了就忘记了，怎么可能让听众对它产生兴趣，怎么可能感动听众，说服听众呢？”有句话说得好：“只有那些有情感并愿意分享的人最能够让人相信他所表达的情感是真实的，最能取得听众的信赖，因为人人都崇尚纯净，倾向于自然，唯有那些真正的喜怒哀乐才能激起人们内心的悲欢离合。”

就在希腊即将面临马其顿王国的入侵，随时都有亡国和失去自由的可能时，希腊著名的演说家德摩斯梯尼做了一次著名的公开演说，他所说的每一句话、每一个词语都有着浓烈的情感，充满爱国主义的情怀。他热情洋溢地说：“就算所有民族都同意忍受奴役，就算到了那个时候，我们也应当为了自由而奋战。”在德摩斯梯尼这洋溢着爱国热情的发言中，人民感受到的是一颗真挚的拳拳之心。他的演讲激励了希腊人奋战的决心，无数希腊人毅然决然地从聆听演说的广场直接奔赴战场，甚至没有向家人道别，因为他们觉得就算是一声离别也是在耗费时光。他的敌人，马其顿的国王腓力听说了德摩斯梯尼的演说，也不由感慨地说：“如果我自己现场听到德摩斯梯尼的演说，就连我也要投他一票，赞成他成为反对我的领袖。”“感人心者，莫先乎情。”连对手都能够连连称赞，可见这演说中蕴含了多么真挚、热烈的情感，这炙热的爱国主义热情从心底的火山彻底喷发，从而产生了惊天地泣鬼神的力量!

如果没有事先判断听众的情绪，就想让讲话者的行为与听众的情感达到和谐一致的状态，那么说服听众的概率几乎为零。打个比方，如果讲话者在听众的身上感受到沉重或压抑的情感，那么就不能忽视这种感受的存在，而应用自己的行为尽量维持与会场气氛一致的情感，而不是与听众唱反调，说话的时候不断地表现出溢于言表的快乐，要在意听众的感受，不然听众只会疏远你，对你的讲话感到厌烦。这时，讲话者应该做的是慢慢引导听众，让听众从沮丧忧伤的情绪中走出来，将听众带领到一个精神“高地”。

那么，怎样才能恰如其分地做到这一点呢？其实非常简单，听众都想得到别人的理解，达到情感上的共鸣，而且都希望自己能够在听你演讲的时候觉得舒服。试想一下，那些对你不友好、不尊重的人，就算是不断地讨好你，你还是会觉得不自在。要想让听众觉得自在，那么讲话者就必须与听众建立友好关系。那么怎样才能与听众建立良好的关系呢？首先讲话者要明确自己接下来与听众的沟通，是会巩固还是削弱你们彼此之间的关系。

只要讲话者在准备开口之前精心地提炼语言，并且采取诚恳的交流态度，就能让听众感受到你的思想，体验到你对自己所讲内容的美好憧憬和坚定信念。要时刻把听众当作你讲话中的参与者，这样就能够在自己的心中建立一种暗示，让自己发自内心地激动起来，同时带动现场的听众，营造出一种和谐的互动氛围。只有在脱稿讲话的过程中建立起热情互动的气氛，才能有效地帮助听众自然而然地接受你所要传递的信息。

技巧指导

在脱稿讲话的过程中，讲话者要学会引导和控制听众的情绪，那么怎样才能做到这一点呢？实际上就是要求我们与听众建立和谐的沟通，这不失为说服听众的一条捷径。那么，如何与听众进行沟通呢？每个人在讲话的时候都希望能与听众有效沟通，但有时候又觉得沟通障碍特别多，问题在哪里呢？

我们常常把“交流”和“沟通”这两个词放在一起，好像它们意思差不多，但它们的概念是不完全一致的。交流是双方变换意见，而沟通是指双方达成共识。一旦明白了沟通的概念，对如何沟通也就有了方向。下面给大家提供几个与听众沟通的方法。

（1）让听众成为你的合作者

第一，让听众参与。在脱稿讲话的过程中，讲话者可以挑选某个听众来协助你表达讲话中的某个要点，这样听众的注意力便会大大提升。因为尽管讲话者选的是个别听众，但其他听众内心会觉得此人就是他们的代表，通过这种角色的置换，听众自然就会被带入现场“表演”之中，也会对讲话者说的内容更加敏感、更容易接受了。这就是邀请听众参与互动的做法，虽只是小小的技巧，但却可以吹散讲话者与听众之间蒙着的一片雾霭。

第二，采用提问方式。在脱稿讲话的过程中多设立几个问题，采用提问的方式与听众进行沟通和互动，这样可以牢牢地吸引听众的注意力，引发听众的兴趣和思考。无论讲话者是提出问题让听众回答，还是采取自问自答的形式，都会让听众觉得很有交流感，而不是讲话者一个人站在台上干巴巴地说。

通过提问的方式可以使自己讲话的内容层层深入，引导听众跟着讲话者的思路走，把自己要表达的内容和问题讲得清清楚楚。而且更为显著的效果是，这种提问的方式为讲话者与听众之间搭建了一个平台，讲话者与台下听众有一种专心交流的感觉，显得非常亲切、自然，也很容易让听众与讲话者在思想和内心上形成共鸣，从而达到更好的沟通目的。所以，为了达成讲话者与听众之间的有效沟通，不妨在脱稿讲话中设计几个能够激发听众兴趣的提问，这将大大提高沟通的效率。

第三，巧妙地让听众帮助你解决问题。不妨在脱稿讲话的过程中，让听众针对你所说的某些观点来进行举手表决，或邀请他们帮助你解决某个问题。很明显，演讲和背诵不同——演讲的目的是得到听众的反应——听众应该是整个过程中的参与者。听众变成讲话的“参与者”，讲话者与听众之间就变成思想上的讨论，成为合作伙伴，而不是演讲者与听众的对立关系了。

(2) 学会低调，要虚怀若谷

在脱稿讲话的过程中，讲话者可以故意犯点小错误，比如在举例子的时候，忘记了众所周知的名人的名字，让听众来提示你。讲话者会发现，在你看似想不起来的时候，听众会迫不及待地帮助你说出来，且非常享受这种对讲话者的提示，这就是在讲话中假装糊涂。那么为什么要这样做呢？

做人的方式简单概括有三种：认真、不认真、既认真又不认真。这三种方式在人们做事的过程中循环变化，才能让人有失落、有满足，而不是一直保持认真的状态，这样是不可能做到的。郑板桥曾经说过“难得糊涂”，也是指明明知道是怎么回事，但是却假装糊涂，这就是介于聪明和糊涂之间的状态，即大智若愚。郑板桥认为人如果能做到这一点是很高明，也是很难得的。

因此，在脱稿讲话时讲话者也应该考虑到三种做人方式。聪明认真是最基本的，偶尔也需要糊涂一点，而既认真又不认真的悠闲状态更有必要。在脱稿讲话中，讲话者假装糊涂是一种技巧，但是，次数不能太多，在一次讲话中最多不能超过三次，否则反而适得其反，听众心里就会真的把你界定为一个无知的人，甚至会觉得坐在那里听你讲话简直是浪费时间。

保持低调、谦虚的态度常常能获得别人的信任，得到他人友善的回报。丘吉尔之所以能受到听众的喜爱，就是因为他谦虚低调的说话、处世态度，他曾经在麻省理工学院发表演讲，他是这样开始的：

“我要坦白地承认，面对在座这么多科学家和饱学的专业人士讲话，我感到相当惶恐。我没有接受过任何系统的教育，也没有上过大学，我只是从日常生活中东摘西拣。因此，今天我来谈这些深奥的科学、社会学与哲学的话题时，我真的没有信心。这些话题，每一个都值得研究一辈子。”

丘吉尔在说他的学识都是“从生活中东摘西拣”的时候，在座的听众很受感动。他一生的辉煌成就与他所说的话有着极大的反差，同时也形成了鲜明的对比。

讲话者在台上的所有表现都会纳入听众的视线，让听众一览无余。如果讲话者稍有自夸或傲慢的行为表现出来，就一定会激发听众的敌意，这个时候无论讲话者说得多么有道理、多么婉转动听，听众也不会认同你。保持谦虚和低调是讲话者与听众相互之间建立友善和赢得信赖的良方。

但是，千万不要错误地认为保持低调是向听众大段地道歉。假如你在演讲开始的时候迟到了，也只需简单地向听众说明原因，并且有礼貌、真诚地向听众表示歉意即可，然后立刻开始你的讲话内容。要知道，不断地道歉通常是在浪费听众的时间，讲话者已经迟到了，听众已经稍有意见，那么你还要浪费更多的时间，这是听众不能接受的。保持低调应该是你表现出尊重听众的态度："我讲的如有不好的地方，请大家多包涵。"掌握这个分寸就足够了。过分表示歉意就成了为自己说话，而保持低调的目的是为了尊重听众而说话。为自己说话就是在听众面前辩解，这是很难与听众达成沟通的。

(3) 在恰当的时候提到听众的名字

在脱稿讲话的过程中，如果可以提及部分听众的名字，也是增强与听众互动和沟通的有效途径。很多时候你会遭到反对，并不一定是听众真的是否定你的观点，他只是需要通过这种方式变相地要大家对他予以关注和重视，使自己成为众人目光的焦点。所以，讲话者能叫出听众的名字时，听众就感觉到了你的关注和重视。讲话者满足了听众内心渴望被关注、被认同的需要，听众就会感受到被尊重，反过来就会满足讲话者的需要，变得服从和配合你的讲话。简单地说就是，讲话者认同听众、尊重听众，听众就会认同你、尊重你，这些都是相互的。

戴尔·卡耐基的著作《人性的弱点》享誉全球，他在这本书中提到：一个人的名字对于拥有者来说是最动听、最悦耳的声音。人人都在乎别人对自己的重视、肯定和认同，说出他的名字，就代表注意到了他的存在，就能够改善双方的陌生关系，认同与沟通就有了根基，变得更加容易。因此，在脱稿讲话的过程中，可以尽可能地提几个听众的名字。

(4) 在人称表述上拉近与听众的距离

在脱稿讲话时，讲话不成功的原因有很多。有时候只是因为讲话者无意中用到“你们”这个词，结果讲话者与听众之间产生了隔阂，拉开了双方的距离。用“你们”，讲话者就把自己排除在听众这个群体之外了，并且还容易给听众一种居高临下、说教的印象。所以，除非职位特别高的领导在对下属讲话的时候会用到你们这个词，脱稿讲话的情况下是绝不能用“你们”这个词的。

那脱稿讲话者想表达“你们”这样的意思时怎么办呢？最好的方法就是把“你们”说成“我们”。比如，在脱稿讲话者想要说：“你们想过这个问题吗？”就可以把这句话说成“我们不妨思考一下这个问题”。再比如“你会从电视上看到国家领导人在出国访问的时候，受到热烈欢迎的场面，但是你知道领事馆工作人员所做的工作吗？”这句话就可以说成“我们都在电视上见到过国家领导人出国访问，受到热烈欢迎的场面，但是大家知道领事馆工作人员所做的工作吗？”用“我们”和“大家”来替代“你们”这个词，是不是显得更亲切、更没有距离感呢？只有讲话者与听众拉近距离，才能更好地与听众形成沟通的状态，得到听众的认同。

◎弦外之音，点到为止◎

范例点评

美国最富有口才的牧师、演说家亨利·华德·毕切尔在1887年3月8日逝世。在接下来的一个星期日，莱曼·阿伯特收到邀请向那些因毕切尔去世而伤心不已的牧师做一次演讲。他求胜心切，不断地修改演讲词，然后将演讲词读给妻子听，但是演讲词写得并不好，真的很糟糕。假如他的妻子是个缺乏见识的人，可能就会这样对莱曼·阿伯特说："莱曼，这演讲词简直糟透了，听起来就像一本百科全书，绝对不能用，你会让听众昏昏欲睡的。你传道这么多年，可以写得更好啊。天啊！你为什么不能够像平常说话那样去讲呢？你为什么这么刻板，不能自然点儿呢？你如果念这样的东西给他们听，一定会砸自己的台。"

如果他的妻子是这样说的，结果怎样将可想而知。但是，她的妻子知道不能采取这样的方式，于是她换了一种说法："亲爱的，如果你写的这篇演讲词寄给《北美评论》，那一定是一篇极受欢迎的文章。"

莱曼·阿伯特听了之后，满心欢喜地接受了妻子的意见。他明白妻子的意思，阿伯特将他改了又改的讲稿彻底撕碎。后来他连大纲都不用，很自然地做了演讲。阿伯特的妻子听后，称赞他的演讲很自然。他的妻子在面对一篇糟透了的讲稿时，并没有说出一些中伤他的话，而是很巧妙地用另一种方式暗示丈夫他的讲稿太枯燥、太具有说教意义，不能用这篇演讲词去演讲。阿伯特立马就明白了妻子的意思，所以他照妻子的意思做了，最终获得了成功。

通过上面例子可以看出，使用含蓄、婉转的语言进行侧面、间接的说服，要比直接说出真相更容易让对方接受，更能达到理想的效果。但含蓄并不是似是而非、故作高深。所谓含蓄、婉转是以让对方听出“言下之意”、“弦外之音”为最终目的的。如果讲话者所使用的含蓄表现为闪烁其词、躲躲闪闪，那么就背离了含蓄表达的宗旨。在脱稿讲话中若想鼓舞他人斗志，当然是语言直白更能达到想要的效果，说得太含蓄反而会让人摸不清头脑，也会让人觉得讲话者太虚伪、做作。但是要让对方接受那些缺点的言论，最好还是用含蓄婉转一点的言辞，用“弦外之音”，点到即止。

不友好的听众并不常见。但是，在脱稿讲话的时候，很可能遇见与你提出的观点持反对意见的听众，听众或许存在怀疑的心理，或许产生消极反应，又或许赤裸裸地用言语挑衅。如果出现这样的状况，讲话者经验丰富还好说，他们早就身经百战，能够游刃有余地处理这些问题。但如果你是新手，缺乏脱稿讲话的经验，那对你来说这就是一场灾难的降临，你还能轻松地掌控整个局面吗？面对听众施加的压力你该怎么办？

其实，在多数情况下，讲话者都能提前感知自己所提出的观点是否会遭到部分或全部听众的反对。如果讲话者对听众提出的反对意见感到非常诧异，觉得不可理喻，那可能是因为在准备材料的时候就没有做好充分的准备。

当听众对讲话者的演说不满意或持反对意见的时候，他们会用多种方式和行为表达出来，比如用脚尖敲地面或者不断地摇头、叹气，这样的非语言信号很难让集中精神在台上讲话的人察觉；当然也有一些听众会公然插嘴，进行口头攻击；更恶劣的还有人会故意发出奇怪的声音、吹口哨等。那么对于缺乏经验的讲话者来说，听众的这些不满行为都会让其思维列车“脱轨”，让其不知所措。所以，在脱稿演说前，能够预知到听众的反应是很关键的。

无论讲话者讲述的话题或提出的观点、问题是什么，都不要忽略听众的看法，因为他们可能与你的意见正相反。当讲话者意识和感知到听众相反的意见时，就要想办法搞清楚它们形成的原因，要从各个方面深入地研究你所讲的话题。如此，讲话者就能预知并自信地应对听众对话题的相反意见。预知异议、应对听众的怀疑并进行有效的抗辩，这不仅会让有不同意见的听众安静下来，而且还会帮助你建立起在其他听众眼中的威信。

此时，讲话者不但要照顾对方面子，同时还要维护自己的尊严，所以说话要含而不露，让听众自己去体会。

技巧指导

委婉就是大家把不方便直接说明的事物，运用相关的同义词或比喻来婉转曲折地表达出来，从侧面加以暗示的一种修辞方法。

含蓄则是一种带有打哑谜特色的脱稿讲话、脱稿演讲的方法。也就是说，在脱稿讲话的过程中，不把事物的本意直接表达出来，而是故意说些与事物本身相关或相似的事物，用以衬托本来要表达的意思，使原本也许十分困难的沟通和交流变得顺畅。

就像培根所说的，谈论应该像一片宽广的田野，大家可以在里面东南西北随意行走，而不应当像一条笔直的大道，直通家门。领导者在向他人提出意见或者批评下属的时候，要讲究修辞手法的运用，用委婉而含蓄的话说出想表达的内容，那么在表情达意上往往会收到更好的效果。

讲话者在能够预知麻烦的情况下，学会使用下面这七个应对不友好听众的方法，就能够更好、更快速地提高你的讲话能力。

（1）要坚持自己的目标

无论何种形式的讲话都是有目的性的表达，例如脱稿发言、陈述事物或公开讨论，所以都要树立坚定的目标。只有讲话者自己明确讲话的目的，才能够在听众对你产生对立情绪时继续坚持自己的观点。清楚明白自己的目标在多数正式和非正式发言场合中都是非常必要的。目标明确能够使讲话者始终将注意力集中在自己提出的观点上，并且可以迅速地感知批评者会在哪些方面、什么时间向自己发难。在讲话者说出一些充满感情色彩的语言时，一些听众可能更倾向于直接提出他们的反对意见。此时，听众特别容易怀疑讲话者提出观点的真实性和它具有什么样的实际意义。但是，如果讲话者对于自己想与听众分享的问题和观点特别清晰而坚定，那么当听众怀疑和否定你的讲话而企图转移你的注意力时，你就会更加有信心去应对这些问题。

（2）尽量表现得波澜不惊

脱稿讲话者在讲话的过程中，无论遇到怎样的情况，都要保持一颗平静的心，控制自己的情绪。俗话说“无欲则刚”，讲话者应控制自己的脾气，用理智和事实说话，而不是靠情感大爆发来回应听众的责难，这样就能够在其他听众心目中留下好的印象。他们会认为你是一个头脑冷静、遇事从容的演讲者，从而会更愿意设身处地为你着想，站在你的角度帮你思考，或者帮助你反驳。

（3）以积极的态度面对

成功的脱稿演讲者与普通人最大的不同就是，其态度是积极而乐观的，普通人则不尽然。如果讲话者的态度是消极的，行为举止有失自己的身份，那么就不可能在别人心目中留下成功者的印象，而且极有可能使自己的思维受到他人的掌控，因为消极的人总是会受身边不好事物的影响而改变自己的想法。讲话者只有怀着热忱的态度向听众展示独到的见解，才能够让听众相信你说的话。所有成功的脱稿讲话者都知道，乐观和激情在脱稿讲话中是感染听众最有力的武器，这种积极向上的情绪是不可抵挡的。

（4）做好最充分的准备

在脱稿讲话的过程中，当讲话者遇到某个与你唱反调的听众时，做好准备就显得尤为重要。如果讲话者知道自己的哪句话听众最有可能提出反对意见，就有机会在准备发言时对这些方面的内容作出具体的分析，并加以强调，提出听众无可辩驳的证据。讲话者要尽可能多地搜集与听众听你讲话的动机、态度和兴趣相关联的信息，以便清楚地知道听众对你提出的思想观点有哪些先入为主的看法。讲话者所搜集到的信息越具体，就越能了解听众独特的视角，掌握他们思想的方向，从而为应对听众做好充分的准备。

（5）一定要实事求是

假若脱稿讲话者处在遭受人身攻击的压力之下，切记，不要在捍卫自身立场时随意说一些与之无关的话。如果讲话者在捍卫自身立场时说一些毫无意义、不着边际的话，那就会成为众矢之的。坚持自己的意见是没有错的，并且一定要坚持，但是在坚持事实的同时，一定要掌控自己，不要随意使用那些道听途说、尚无法确认的、靠不住的资料。在讲话者提出自己观点的时候，如果这个观点和看法目前还在某个领域存在争议，讲话者就要拿出能证明自己所说十分正确、让人无可辩驳的论据来。否则，听众不但不会相信你的话，还会把它作为可攻击的突破口，对你进行攻击。

（6）注意你的肢体动作

人与人之间交流和沟通的时候，相互之间传输的信息大部分都是通过非语言信号获得的。有时候，肢体“说”出的语言更能够赢得对方的信赖，肢体语言代表的含义有时候是超过口语表达所能表述的范围的。因此，无论何时何地，只要讲话者在对着他人说话，就应该注意自己的肢体语言能不能够帮助听众对你所讲述的内容、观点、问题有更加清晰的认识和理解。如果讲话者自己对所传递信息的可信度都有所怀疑，或者不能认定自己所持的立场是否经得起旁人的推敲，那么其口语和肢体语言就会体现出不一致性。思维极其敏锐的听众能够立即察觉到这一点，从而作出定论：你不值得信任。

所以，讲话者在脱稿讲话的时候要与听众的目光进行频繁接触，也就是用真诚的眼神去与对方沟通，使讲话者的外在动作和声音自然地支持衬托和付诸你传递的信息。要让听众感觉到你虔诚地信守自己所说的内容，并且清楚它们的价值，应通过“眼里有听众”的方法拉近与听众的距离，让听众感觉到你与他们的密切联系。

(7) 找到与听众的共同点

讲话者应当思考一下自己的听众有哪些共同点。在某些方面与听众达成共识，这或许可以成为听众支持你讲话内容的纽带。所有人都有某些普遍的共性经历，这些经历使全人类无论在文化背景、生长环境、受教育程度和社会阶层方面有多大差异，都能够紧密地联系在一起。讲话者在发言中可以运用那些人们普遍的共性经历来加以说明和阐述，这是非常重要的。在脱稿讲话时使用这样的语言技巧，即使那些对你怀有敌意的听众听了，也会禁不住与你产生共鸣，在你接下来的讲话中，就不会对你产生太强烈的抵制情绪了。

总之，听众是由复杂的、有思考能力的、有感情的群体组成的，他们都有梦想、有渴望、有恐惧。讲话者在与听众建立亲密关系、对听众施加影响力的技巧方面练习得越多，就越容易找到契合听众的愿望和动机，并促使听众站在你的角度来分析问题的方法。

下篇

脱稿演讲的实战演练，让讲话脱口而出

脱稿讲话不等同于一般意义上的演讲，除了普通的演讲外，还包括自我介绍、会议主持，以及各种应酬场合的讲话。在不同的场合，就要依情合境地适当发挥，激起听众的共鸣。要练就演讲能力，就要做到技巧与实践相结合，在学习中成长，在练习中进步。

第十讲 ╱ 团体讲话

依情合境，巧舌如簧

在任何一个场合即兴讲话，都需要充分调动自己的语言能力，告别焦虑，来一个漂亮的开场，大胆完成自我推销。

◎自我介绍：微笑着递出自己的名片◎

范例点评

在一些脱稿讲话训练中，有把名字转换成画面的训练。

“大家好！我叫唐盼盼，唐是唐朝的唐，盼盼是目字旁加上分开的分。我名字的画面是我总是盼望参加别人的婚礼，盼着盼着就吃到了别人的喜糖。”

“大家好！我叫李仲瑜，李是李白的李，仲是伯仲的仲，瑜是周瑜的瑜。我名字的画面是李白中奖了，奖品是一条鱼。我叫李仲瑜。”

“大家好！我叫张兰。张是弓长张，兰是兰花的兰。我的名字可以想象成我用一把长长的弹弓，打中了院子中的兰花，我叫张兰。谢谢!”

“大家好！我叫陈家鸣。陈是耳东陈，家是家庭的家，鸣是一鸣惊人的鸣。我的名字转换成画面是在陈家的家族里，没有谁能像我一样一鸣惊人。请大家记住我，我叫陈家鸣。谢谢!”

“大家好！我叫李金山。李是李嘉诚的李，金是黄金的金，山是山脉的山。我名字的画面是李嘉诚把自己的金钱都藏在了山上。谢谢！”

“大家好！我叫王平。王是国王的王，平是平安的平。我名字的画面是曾经有一座城堡，里面住着一位相貌平平的国王。谢谢！”

“大家好！我叫张远路。张是张望的张，远是远近的远，路是道路的路。我名字的画面是请大家不要张望远方，注意脚下的路。谢谢！”

“大家好！我叫肖芬琴。肖是肖邦的肖，芬是贝多芬的芬，琴是钢琴的琴。我名字的画面是肖邦与贝多芬一起练琴。”

“大家好！我叫张叶美。张是弓长张，叶是树叶的叶，美是美丽的美。我名字的画面是宾馆的一张桌子上落了一片美丽的树叶。”

自我介绍是向他人展示自己的一个重要手段，就像一张递出去的名片，上面写着的信息一目了然。自我介绍好不好，直接关系到你留给他人的第一印象如何，而第一印象又直接决定着以后你们是否会有交集，同时也是自我认知的途径。

当大家需要在团体环境下做自我介绍时，以上想法都会在脑海里出现。无论是在工作上的小组讨论或网络会议这样的正式团体，还是在酒席宴会那样的非正式团体，主动向他人做自我介绍都是需要技巧的。大家可以参照以下原则。

（1）不要过度谦虚

谦虚和害羞之间是有区别的。谦虚是指不自满，肯接受批评，并且愿意虚心向人请教。有真才实学的人往往都虚怀若谷、谦虚谨慎。害羞是面对他人的时候，羞于表达自己。如果你过于谦虚，甚至对自己所做的事情加以贬低，那么就会引起他人的反感。大家总是片面地认为人的性格决定行为，而与环境无关。其实，行为是受环境的变化而变化的。在向别人做自我介绍的时候，自然而然地说一些有趣的话，就很容易被大家接受。但是，在第一次向别人介绍自己时，不要将自己的辉煌业绩全部罗列出来。

（2）盯着对方看

盯着对方看有两层含义：第一，注意对方是怎样做自我介绍的，在某个人介绍完之后，你可以借鉴他的自我介绍方式；第二，在你向别人做自我介绍时，要看着对方。试着与不同的人进行目光扫视的接触，但不是眼神飘忽不定、东瞟西瞟，最好是目光与团体中的每个人保持几秒钟的接触。

（3）讲几件与自己有关的趣事

在社交场合中，如果你被大家要求说点跟自己有关系并有意思的事情，你就要考虑一下大家对什么事情感兴趣，觉得什么样的事情有意思，然后从自己的经历中寻找出来。

（4）控制好你的第一印象

有一句话叫作："你永远没有第二次机会给陌生人留下第一印象。"所以说，第一印象非常重要。要想在说话时给别人留下好的印象，首先要保持微笑，让自己看起来亲切、自然。其次要自信，说话的时候不要低着头，要看着对方的眼睛，也不要让头发遮住你的脸，最后要把声音放开，保证你在做自我介绍时别人能够听得见。

技巧指导

（1）个性自我介绍法

口头自我介绍在生活中应用得最多、最广泛。在面试的时候，即使你投递过纸质的简历，对方还是会要求你做一下简单的口头自我介绍；在与他人第一次见面时，简单的向对方进行自我介绍是最基本的礼节；在走上新的岗位时，向同事做简单的口头自我介绍，让同事对你有初次的了解，能够为以后的相处带来便利。

下面就以面试为例，说一下口头自我介绍。

在面试的时候，大家通常都会这样说："我叫××，毕业于××大学，对××技术熟练掌握，希望加入贵公司，成为这个大家庭的一员，为公司的未来打拼。"

其实，这是最简单、最枯燥的自我介绍，面试的人每天不知道听过多少遍，既没有新意，也缺少自我的特色和个性。大家来看一个面试某航空公司的女孩的自我介绍，她是这样说的：

各位评委老师，下午好。

我叫陈姗姗，来自古都南京。秦淮河的故事、秦淮河的水伴我一路成长。四年的北京求学生活，也让我了解了另一个城市的文化与思想。影视专业的我看遍了电影中行色匆匆的起航，我想，这一次我的梦想也该起航了，可是在梦想即将起飞的时候，我需要一对翅膀。谢谢××航空公司给我这样的机会，让我插上隐形的翅膀，我会用真诚的微笑和服务，为每一位旅客带来家的感受。

这个女孩的自我介绍不长，但是却包含了很多内容，话语优美婉转，让人听了很是舒服。所以大家在自我介绍时，切忌生搬硬套、刻板没特色，要讲出自己与众不同的地方，让别人通过你的自我介绍记住你。

（2）画面自我介绍法

要想让别人对自己印象深刻，除了上面所说的个性自我介绍外，还可以采用画面自我介绍，即让自己的名字变成一幅画面。

“画面介绍法”分为“慢、看、转换”三个方面。

A. 慢是指慢报全名

在介绍自己的姓名时，首先要用比较慢的速度并加重语气报出自己的全名，口齿清晰，这样才能让别人听得清楚，给别人留下一个准确的初步印象。如果说得过快或者带有地方口音，别人就不容易听清，甚至会理解错误，比如“张兰”就可能被大家听成“张楠”。

要一次性报出全名，而不要把姓、名分开说，这样做的目的是给别人一个整体印象，等到进一步为自己的名字做解释的时候，别人才不容易记错。

B. 看是指看看名字都是什么字

在报完自己的全名之后，第二步就该将名字中的字分别做解释。因为报出名字只能给别人听觉印象，因为汉字同音字很多，有了具体文字的解释，才会给人准确明晰的字音、字义的全面印象，这样才能进一步加深印象。

解释字时，如果不是那种生僻少见的字一般不用写出来，用一些大众词句来解释就可以。但是解释也要区分积极词汇和消极词汇，用不同词义的词来做解释给人留下的印象是不同的。举个例子，如果一个人的名字叫“张飞腾”，用消极的词汇来解释就是“张牙舞爪的张，鸡飞狗跳的飞，热气腾腾的腾”，这样说就会给别人留下玩世不恭、低级负面的印象。但是用积极的词汇解释可以是这样的：“弓长张，飞翔的飞，腾空的腾”，这样的解释则会给人一种积极向上、有正义感、朝气蓬勃的正面印象。所以，一般来说，在介绍自己的时候一定要选用有积极意义的词汇，这将直接影响你的形象。

C. 转换是指把名字和职业转换成画面

把名字转换成画面，就是把自己的名字展开说一段话，让它形成一个能够在头脑中成型的画面。比如，“张嘉宾”可以联想成“张飞被吕布邀请为宴会嘉宾”，“梁天”联想成“梁山好汉靠正义闯出一片天”，这样画面基本上就产生了。但有的人说，我名字中的字不太好找到能够扩展的画面，也不能联系到有意义的内容，那么你可以用同音、谐音字来替换。比如，“翟远清”可以联想成“我摘下眼镜，远处的东西就看不清了”，“刘星”可以说成“流星”。假如想要画面感再强一些，可以在解释中出现人物、具体物品或者动作等等。比如，“李”用人物可以是“李白”、“李鹏”、“李玲玉”等名人，用形容词可以是“里面”、“歪理”，用动作可以是“离我远点”、“离开”等等。切记不要用那些抽象、宏观的词，比如“礼尚往来”，画面感不强，应尽量避免。

大家可以试想一下这样一幅画面：当你走进某个新的社交团体或陌生的聚会场合时，大家都在忙着互相做自我介绍，你心里会不会有这样的想法，该怎么向别人介绍自己呢？是不是应该说点有意思的话？如果是轮流做自我介绍，应该自告奋勇先开始还是等到最后大家都说完呢？自我介绍的时候应该活跃一点还是谦虚一点呢？他们已经开始交谈了，自己应该找什么样的话题插入呢？

讲话者如果希望别人对自己的名字有特别的印象，希望别人能够记住自己，那么就可以标新立异，联想出不合情理、夸张的画面，比如“赵世亚”就可以说成“找到一个会念诗的哑巴”，“张文家”可以说成“家里不是蟑螂就是蚊子”等。这样的解释不但会产生让人意想不到的幽默“笑果”，还能够进一步加深别人对你名字的记忆，给大家留下特别的印象。

下面给大家讲一些向团体做自我介绍时，给大家留下良好第一印象的途径。通过下面这些训练，你一定可以给大家留下出其不意的印象。

第一，想几句能够代表你自身风格的话拼凑到一起，形成一个短小的自我介绍，然后反复练习。但是千万不要练习过度，否则你向他人说出这番话的时候，就会像事先录制好的磁带一样。要尽可能地在真实情境中做自我介绍，而不是只对着镜子说，对着家人练习。

第二，每个星期起码在 5 种不同的环境中说一些与自身特点相关的话，不断地积累经验。首先要树立起“自我营销”的信心。可以在跟同事聊天的时候主动提到自己，比如说你生活中喜欢的运动、你的特长与兴趣、你与众不同的性格特点。

第三，不要羞于谈论自己。有些人在聚会中总是做倾听者，听着别人的故事，而当大家把话题转到他身上的时候，他就开始躲躲闪闪、转移话题，这是对自我的一种逃避。如果你始终不愿向众人谈论自己，那么别人除了知道你的长相之外，将对你一无所知，那么你会错失许多将别人吸引到你身边的机会。可以在不经意间透露一点别人不知道的“隐私”，当然这些“隐私”不一定是让你难以启齿或者什么惊天动地的事，而是某种让你觉得说出来也无伤大雅的小事件，风险小又能显露自己的个性。

第四，每周至少一次主动向陌生人做自我介绍。你可以主动向一起等待接孩子的家长打招呼，他们还可以是在公共场所的吸烟室里一同吸烟的人，或者一起等待排队买票的人。只要他是你第一次见面的人都可以，找个机会大胆地向别人展现自己吧!慢慢地练习之后，你会发现这其实并没有你想象的那么难。

◎生动灵活的脱口而出◎

范例点评

公司要把一位工程师晋级，提升为总工程师，领导之间产生了分歧，众说不一。持反对意见者认为这位工程师在校期间，因违反纪律受过处分。人事处长则认为这些都不能作为判断他工作能力的依据，所以他在发言中穿插了一个笑话：“从前，有一个叫艾子的人。有一次他坐船外出，船停泊在江边，艾子听到哭声，仔细观察之后，发现原来是一群水族在哭。艾子问‘你们哭什么？’它们回答说‘龙王有令，长有尾巴的水族都要杀掉。我们都是有尾巴的，我们要被杀掉了’。艾子听了，很是同情。可是定睛一看，发现其中有只蛤蟆也在哭，他很奇怪，就问‘你跟着哭什么？你又没长尾巴’。蛤蟆回答说‘我怕龙王追查我曾经做过蝌蚪的事儿呀’。”众人听了之后，哈哈大笑起来，最后一致通过同意提升。

还有另外一个例子。

一位新县委书记刚刚走马上任就组织县里开会，在会议上，他做了即兴脱稿讲话：“我的籍贯是长沙，并且在长沙读书、工作多年，长沙是我的第一故乡。但是，从到县里的那一刻起，我就是咱们县里的公民了。”大家听了很受感动，纷纷鼓掌。县长接着说：“现在，不但我是咱们县里的公民，我的爱人、小孩的户籍关系也一同转到县里来了。应该说，他们同样是大家中的一员。我到这里来工作，那么这里就是我的第二故乡，就是我家了。既然我已经在这里安家，就要当好家，把故乡建设好，让这里的父老乡亲过上好日子。我相信，只要我们各级领导干部与人民群众同甘共苦，共同为建设家乡奋斗，就一定能够攻无不克、战无不胜，把自己的家乡建设好。”县长的这段话让老百姓热血沸腾、掌声不断。

这位新上任的县长在没有准备的情况下的脱稿讲话，句句打动人心，说到老百姓的心坎里，给老百姓留下了深刻而良好的第一印象，赢得了阵阵掌声。

脱稿讲话就要像白居易《瑟琶行》一诗中说的“大弦嘈嘈如急语，小弦切切如丝语，嘈嘈切切错杂弹，大珠小珠落玉盘”一样，要抑扬顿挫、铿锵有力、错落有致、轻重得体、高低有度。

(1) 即兴脱稿讲话前的准备

第一，要克服自身的紧张情绪。对那些讲话少的人来说，开口说话前会紧张是必然的。但是，大家应该正视这种紧张，就当豁出去了，再紧张也得讲，俗话说“丑媳妇早晚要见公婆”。那么，如何消除紧张的情绪呢，可以试试下面的方法。

A. 深呼吸，轻轻闭上眼睛，全身放松，在心里默默地数数，这样可以减慢身体的血液循环，让心神宁静，全身会产生一种轻松感。

B. 适当活动，紧张的情绪会使体内产生大量的热能，这时候适当地活动一下，不用做大幅度的运动，比如双手用力握拳，然后再放松，这样可以使肌肉缩紧再放松，从而促使体内的热量散发出来。

C. 闭目养神，闭上双眼，用鼻吸气，心无旁骛，像打坐一样，可以达到稳定情绪，暂时忘记紧张的效果。

D. 凝视物体，选择身边的某一物体，专注地盯着它看，然后分析它的形状、颜色等特性，让自己从紧张的情绪中跳出来。

E. 摄入饮品，在身边备上一瓶水，如果感到紧张就喝一点，这样可以增加口腔内的唾液，保证喉咙湿润，也可以稳定紧张的情绪。

F. 情绪转移，如果感到非常紧张，就不要把注意力集中在讲话的内容上面，跟身边的人聊聊有趣的话题，把紧张的情绪转移，聊的话题越广、越深入，就越能够将紧张的情绪忽略。

第二，构思腹稿。在稳定情绪的同时要在头脑中理清讲话思路，不要慌乱，以免最终导致语无伦次。构思腹稿要注意以下问题：对于自己不了解的事情不要冒充行家；不要在公共场合议论别人的缺陷；不要提及容易引起大家争论的话题；不要诉苦、发牢骚。

第三，了解掌握听众。无论是在哪里讲话，都要注意分析听你讲话人的职业、年龄、性别等，这些条件都能够判断一个人的兴趣点，只有了解这些才能吸引听众。

(2) 即兴脱稿讲话中的技巧

第一，开头的技巧。即兴脱稿讲话是一种看人下菜碟、临场发挥的行为，所以它的开头不需要像事先准备稿件的讲话那样复杂，只要不是过于死板、枯燥就可以，因为死板枯燥的开头会让接下来的讲话无法进行，也会限制讲话者的临场发挥。俗话说“万事开头难”，有了好的开端也就成功了一半。

第二，过程的技巧。在整个即兴脱稿讲话过程中要做到轻松、自然，时刻提醒自己说话的目的，围绕目的展开讲话，轻松、巧妙地与听众进行思想交流。不要在讲话的过程中使用“总而言之”、“概括地说”等词语，除非你的讲话真的要结束了。否则，这样的词语会让听众误以为讲话就要结束了，从而分散听众的注意力，结果却发现讲话还在继续。

第三，结尾的技巧。即兴脱稿讲话的结尾是非常重要的，要有气势，可以是鼓励的话，也可以是豪迈的话。结束语用得好能起到振奋人心的效果。结尾的方式大致有总结式、升华式、启发式、号召式等。

总之，即兴脱稿讲话，考验的是人的口才和反应能力，掌握即兴脱稿讲话的技巧非常重要，因为口才与人际交际、事业发展都有着密不可分的关系。俗话说，言为心声，口才好表明一个人的情商高；能说会道，口才好能让你的人际关系畅达；谈笑风生，口才好能够使你处世安乐；一鸣惊人，口才好能够使你升职加薪；巧舌如簧，口才好能够给你带来商机；神思妙语，口才好能够助你事业成功。

(3) 讲话结束语

很多人在讲话结束的时候，都会说一些与讲话没有关系的话。比如有的人会说“大家已经觉得很啰唆了吧”，或者“不知道自己是不是把这个问题讲清楚了”，又或是“一般不会说这么多，也许是因为喝了咖啡的缘故”。这样的结束语看似幽默风趣，但其实是在无形中降低了你整个讲话的水准。另外，不要在结束语中说一些与讲话内容风格不符的话。如果你的讲话让听众一直笑个不停，而你却在结尾时突然语风一转，变得消极悲观，就会让听众觉得大煞风景。

技巧指导

(1) 即兴脱稿讲话要出奇制胜

一般来说，生活中的即兴脱稿讲话，如大会发言、祝酒词、开业贺词等选题的范围比较广泛，应用比较灵活。但是，那些带有较浓厚专业色彩的讲话在选题方面就比较受限制，如军事、外交、法律等。当然，无论选题的范围是大还是小，在选题的时候都要注意：立足时事热点，紧跟社会焦点，追求听众关注点，这样才能说出新颖独到的观点。

小张参加以“交通安全在我心中”为主题的演讲比赛。他拿到这个主题之后，仔细地分析主题，觉得大部分选手可能会从公民交通安全意识淡薄而产生的危害这方面来入手，这样的话，在举例论证时会带给听众说一些骇人听闻、惨不忍睹的真实案例。如果是这样，十几名选手讲下去，听众的内心就会产生压力，时间长了，会产生一种倦怠感。想到这些，小张决定从另一个角度出发，要做到与众不同，才能给听众留下深刻的印象。于是他决定，从大家不理解交通安全，随意闯红灯，且对交通警察的工作不理解，甚至不屑，从而导致交警的工作举步维艰讲起。如果全社会都能够理解交通警察的工作和职责，支持交警的工作，在行驶的过程中遵守交通规则，听从交警的指挥，那么交通安全问题就能更好地解决。他斟酌再三，决定以《奉献与理解》为题，通过肯定交警的工作，赞美交警无论风雨都坚守在自己的岗位上，为祖国、为人民无私奉献的精神，从而呼吁大家理解并且支持交警的工作。最后，在演讲比赛中，正如小张料想的那样，听众在听了一件又一件交通事故的案例之后，小张的《奉献与理解》显得新颖又有独到的见解，让他们精神为之一振，最后赢得了听众的掌声与赞许，小张夺得了这次演讲比赛的第一名。

大家不要误以为只有新奇刺激的话题人们才喜欢，因而便搜肠刮肚找一些奇闻轶事，甚至一些下流恶俗的故事。其实，生活中的方方面面都能够成为谈话的材料，只要大家在日常生活中稍加留心。你可以谈食物、谈穿衣、谈天气，可以谈生命、谈理想、谈爱情，可以谈人生观、世界观、谈责任感、谈真理、谈光荣，可以谈证券市场、股票发行、谈对外贸易，可以谈外交、谈友好、谈合作。

(2) 即兴脱稿讲话要打好腹稿

围绕讲话的主题，在有限的时间内，要抓紧时间理清思路，打一个腹稿。那么在短的时间内，如何理清思路，打好腹稿呢？可以从以下三点入手。

A. 浓缩讲话内容

对于那些训练有素和身经百战的脱稿讲话者来说，在临场前的几分钟内就可以根据现场的情况迅速确定讲话的主题，以及开头怎样讲、结尾怎样收。可是对于经验不足的新手来说，就不是那么容易做到的了。脱稿讲话的新手们，在临场前可以将想说的话进行浓缩概括，总结要点提示，以免遗漏某一个关键的点。如果是在公司体育比赛颁奖会上做即兴脱稿讲话，可以把自己讲话的内容浓缩成以下几点：

首先向获奖的小组和个人表示祝贺，向组织者、比赛工作人员表示感谢；

其次要说明举办这次比赛的意义有哪些；

再次是号召大家向运动员学习；

最后表明对未来活动的期望：希望今后多多举办这样的活动。

根据以上这些内容，可以提炼出的关键词有“祝贺、感谢、意义、学习、希望”，把这些关键词提炼出来，在讲话的过程中围绕它们展开、分条说明，脱稿讲话者如果临时想到什么，也可以在讲话过程中临时发挥。

B. 提炼好观点

如果把话题比作一个圆，那么观点就是圆心。在脱稿讲话中，观点要正确、鲜明、集中。如果观点分散或含糊不清，讲话会跑题；与话题相违背的观点，会让讲话听起来自相矛盾。在即兴脱稿讲话中，观点是核心，应该始终贯穿于讲话的过程中，在讲话中起到纲领性作用。观点要集中，与本次话题无关或关系不大的就不要讲；如果有多个观点，就要分清主次，什么是最重要的，什么是辅助性的，抓住主要观点讲深讲透。

C. 组织好语句

观点提炼出来了，就要把语言组织成句子，逻辑通顺的语句是一篇讲话的基础。每说一个句子都要清晰地表达出它的意思。句子又能形成段落，段落形成了，结构就出来了，即兴脱稿讲话的腹稿也就出来了。假如要参加一个企业改革的会议，可以按照以下的语句要点进行说明。

此次会议很重要。

会议的目的。

会议的主要内容：下定决心进行企业改革；加大企业、人才的管理力度；引进人才、开拓市场；切实抓好技术改造。

贯彻方针，落实会议内容。

根据以上语句要点展开，力争做到从容不迫地边想边说。在讲话的时候要想不偏题目、不漏要点，就可以将讲话分成几段，每一个段落又分成几条，围绕这些对句子进行展开、扩充、联想、举例，这样才能够让即兴脱稿讲话更有逻辑性、更有说服力。

理查德，美国公共演讲问题专家，他曾推荐过一个精选腹稿的结构模式。他认为即兴脱稿讲话应分四个步骤进行。

a. 喂，喂!这两个“喂”字是要唤醒听众，先激起听众对讲话者演讲内容的浓厚兴趣。他主张开篇就采用生动典型的事例道出主题。

b. 为什么要做脱稿讲话？可向听众说明为什么要听你的讲话，讲话的内容与听众有什么关系。当然，讲话的内容一定要让听众感到这就是在对他们说，让听众产生紧迫感，这样就能够吸引听众的注意力。

c. 举例。要想把观点解释清楚，光靠理论空泛地谈是不行的，想把论点生动形象地印入听众的脑海中就必须举例。用事实说话，不但能深化听众的记忆，激发兴趣，还能够帮助讲话者更深刻地揭示主题。

d. 怎么办？讲话者说了那么多内容，表明了观点，列举了事例，接下来就要告诉听众你谈了大半天是想让大家做些什么，要逐条逐句地说清楚、讲明白。

话题和提纲确立以后，就要迅速抓取材料。即兴脱稿讲话没有办法在事先做好充足的准备，完全依靠讲话者临场组织。那么怎样在短短的时间内找到好的讲话材料呢？临场抓取材料，有两个具体来源：一是讲话者平时的知识积累；二是现场看到的人和发生的事。无论来源于哪个方面，讲话者都要尽量选用对论证观点有力的材料。所以，讲话者要注意选择能够反映观点、支持观点、论证观点的材料。材料要与观点相辅相成，有很强的说服力。有的人在即兴脱稿讲话时，对于引用的材料，往往不加以辨别和选择，无论对论证观点有没有用，顺嘴就说，导致使用的材料与观点前后不搭边，说服力不强。

即兴脱稿讲话也可以选取现场的人或发生的事，它比一些看不见的事例更具针对性和说明性，说服力更强，让听众更信服。只有在脱稿讲话中把现场的人和事与论证的观点联系在一起，才能更好地让讲话者与听众达到情感交融、思想共鸣的效果。即兴脱稿讲话本身就是打无准备之战，它包含着现场取材、临场发挥的意思。

(3) 即兴脱稿讲话要生动灵活

说出的话要让听众听得懂，这是对脱稿讲话者最基本的要求。讲话人若是在听众面前卖弄辞藻，用一些晦涩生僻的词语或某一领域的特定专有名词，便会让听众一头雾水。这样的脱稿讲话无异于是在浪费听众的时间，听都听不懂，还有什么意义可言？在脱稿讲话的过程中，要用最通俗易懂、简洁生动的语言来阐明观点，这样才能让听众觉得轻松自在、亲切易懂，而讲话者所讲的道理也易于被听众理解和接受。

这里所说的通俗易懂并不是追求庸俗。“到什么山头唱什么歌”，也就是说要根据听众的不同来选择灵活的语言和表达方式。由于听众的年龄、生活环境、知识水平、社会背景大不相同，所以在遣词造句上要注意，再辅以亲切的语调、温和的语气，以达到听众与讲话者交流思想、沟通关系的目的。

讲话不仅要让听众听得懂，还要让听众喜欢听，这就要考验讲话者在语言技巧上的功力了。生动形象的事例、幽默风趣的语言都能够激发听众的热情，调节现场的气氛。要想做到语言生动，可以在句式和修辞上做文章。在脱稿讲话中善于使用一些修辞方式，能够为讲话锦上添花，在表明观点上也会起到很好的效果。有时，一个精彩贴切的比喻能够让复杂的道理变得明朗易懂，这就是大家经常会觉得有些话听起来平淡朴素，但是其中蕴含的道理却耐人寻味，并且越琢磨越觉得寓意深刻的原因。一般来说，排比句式的运用，往往会让人有一种气势宏大、如排山倒海般的效果；反问句式的运用，往往让人有一种加强语气、强调重点的效果。

(4) 即兴脱稿讲话要简洁新颖

一些领导者在出席座谈会、研讨会或者参加一些礼仪活动、外出调研学习、走基层检查指导工作、接待来访群众等诸多场合，经常需要做一些即兴脱稿讲话，而即兴脱稿讲话是没有多余时间准备讲稿的。即兴脱稿讲话通常有三种情况：一种是被主持人邀请或受到群众推荐，不好推辞而讲话；一种是领导者被临场情境所感染，有感而发；还有一种是出现特殊、紧急情况，作为领导者一定要掌控大局，站出来讲话。但不管是哪种情况，都显示出即兴脱稿讲话的突发性、临时性和不确定性。

即兴脱稿讲话要比一般的演讲、写文章困难得多。一般的演讲、写文章都是经过认真准备，精心构思，反复钻研，仔细修改，最终定稿之后才进行演说或者发表的。但是，即兴脱稿讲话就不可能这样做，没有现成的讲稿，在短时间内也来不及认真准备，容不得一刻的深思熟虑，全靠讲话者现场思索和临场发挥。所以，即兴脱稿讲话是对讲话者心理素质、反应能力、说话水准、文学素养等综合能力的考验。但无论是什么样的情况，简洁新颖的语言风格都不会让人讨厌的，听众也乐于接受。语言朴实、简洁可以增加讲话者的亲和力，拉近讲话者与听众心理上的距离，收到的效果自然也不会差。真正能吸引、打动、感染听众的是那些真话、实话、心里话；听众听够了也厌烦了那些大话、虚话、套话。

有一位领导在就职欢迎会上做即兴脱稿讲话，考虑到自己对新单位的情况还不是十分了解，所以在讲话中就没有涉及一些纲领性的问题，而是讲出自己的心里话、实在话。想不到，短短 5 分钟的就职演说赢得了同事们的热烈掌声，也给群众留下了务实、认真的好领导、好干部的印象。从这个事例可以看出，无论在何时何地发表即兴脱稿讲话，都要从实际出发，讲听众关心的事和想听的话，表明工作态度，拿出切实可行的方案，列举实际有效的措施，而不是刻意堆砌一些华丽的辞藻、展示时髦的观点。要紧紧抓住听众关心的热点难点问题，并且给出解决实际问题的有效方法。千万不要摆出一副装腔作势、盛气凌人的架势，听众不是傻子，他们会思考、会辨别，不会认同那些虚伪造作之言。

即兴脱稿讲话最忌讳重复他人的观点，这就要求讲话者在讲话的观点上下功夫，使之新颖的同时又能切中实际问题。这也要求讲话者一定要善于了解和掌握听众的心理态势，抓住听众关心的实际问题，站在听众的角度思考问题，让自己所讲的话既符合时代要求又满足群众需求，这样的讲话才能有说服力，让听众觉得亲近、实在、可信、可行。

◎现场报道的“五W”公式◎

范例点评

大家好！

我是北京记者王心，现在正在广东省广州市为您做现场报道。

今天下午14时25分，在北二环高速公路木强隧道附近路段，200米内一连发生4起交通事故，事故中有27辆车连环碰撞，导致3人死亡、28人受伤。目前伤者已经送到附近医院进行救治，伤者的情况基本稳定。事故发生后，交警部门立即实施紧急交通管制，致使事故发生路段塞车近6个小时。下面请大家跟随镜头来看一下现场的情况。在现场我们可以看到有一辆车牌为“冀S1494”字样的油罐车，整个现场已经非常混乱，车头严重变形，油罐翻倒在地，车底还压着三辆小轿车的残骸。在翻倒的油罐车右侧有一辆黄色大巴和一辆旅行车并排“粘”在一起，大巴前面的挡风玻璃已经破碎不堪，车身左侧被油罐车撞得凹陷。一辆白面包车被强大的冲击力挤压变形。在这三辆车后还停着一辆大货车和一辆吉普车，车祸现场已经排出数公里等待通行的车队。现场出动了近百名抢救人员、8辆消防车、5辆吊臂车以及十多辆救护车。

据有关部门介绍，引发这起特大交通事故的原因是：两辆大巴抢行和一辆货车追尾相撞造成的，随后导致汽车躲闪不及，相继发生连环撞车事故，并导致交通严重堵塞。

在此提示广大的司机朋友们，在行驶过程中不要抢行，注意保持车距，在遇到交通事故时，驾驶人、乘车人应当迅速撤离，以免发生二次事故，造成更多人员伤亡。

记者王心在广州为您报道，谢谢!

再举另外一个报道的例子。

大家好!

欢迎收看新闻要点，我是主持人李乐。根据本台记者发回来的消息，今天凌晨零时三十分，在柳南高速道路施工路段发生了一起重大交通事故，我们来连线现场记者王慧。(嘟……) 你好，王慧！现场的情况是怎样的？请给我们详细地介绍一下！

好的，大家好！我是现场记者王慧，我现在位于柳南高速公路重大交通事故的现场。今天凌晨，一名男子阻碍高速公路现场施工，在警察将其带离时疯狂逃跑。不幸的是，他在穿越临时双向通行的上行线时被一辆急速行驶的货车撞死，紧接着货车刮倒一名道路施工人员，并与一辆客车迎头刮碰，导致1死7伤，其中3人受重伤。

在现场，我们可以看见一辆车号为“川E”的双层客车翻倒在高速路的防护栏上，距离翻倒客车50米处，停着一辆车号为“桂C”的运货车，车厢的左侧被撕开一个大口子，路面上满是从货车上掉落的水果，以及车辆激烈碰刮后掉落的碎片。

据交警部门介绍，此次突发事故的原因主要是因为那位骚扰施工作业的男子突然冲出，这名男子已经多次妨碍施工人员工作，据了解他患有严重的精神分裂症。以上就是现场的情况。

谢谢！感谢王慧给我们带来的现场报道。本不应该发生的交通事故，却造成如此惨重后果，真是让人胆战心惊。在此提醒广大的观众朋友们，如果您家里有这样特殊的病患，请及时送到医院治疗，以免给您的家人和别的家庭带来不必要的麻烦和伤害。

可见，现场报道也是一门非常高深的学问，到底该如何报道，采用什么样的方式来报道，这是需要大家学习的。现场报道一般都采用叙述的方式展开，但是如何用叙述的方式去赢得观众或听众，这就需要在叙述上下一番功夫了。

技巧指导

大家在叙事时会使用到“五W”公式，所谓“五W”指的就是时间、地点、人物、起因、结果。根据“五W”公式进行叙事，就能做到结构清晰，线索明朗，不会遗漏重要内容。我们先来了解一下“五W”的作用。

(1) 第一个W——何时

在现场报道中，对于事件的叙述与平常的叙述有所不同。一般对于各种事件的叙述，事件发生的时间不要求一定要精确到几分几秒，用一些概括性的词就可以表达完整，比如“从前”、“一天上午”或“下班的时候”等时间用语完全可以表述清楚事件的发生时间。但是，如果是现场报道的话，事件发生的时间是很短暂的或者事情很重大，需要特别强调，时间就要精确到分甚至是秒。时间说得越具体，对听众内心的触动和提示作用就越强。

著名思想家恩格斯在那篇《在马克思墓前的讲话》中写道：“3月14日下午两点三刻，当代最伟大的思想家停止思想了。”他把时间精确到分钟，既能够表达出惋惜的情感，同时也是强调事件的有效方式。

北京某出租汽车公司的张经理，每次给司机开安全教育会都觉得很头疼。安全教育会每周都要开，但讲来讲去就是那些内容，没有什么新的东西，司机们难免不爱听。每次开会张经理站在台上都会见到底下的司机有打盹的、聊天的，摆弄手机的，只好敲桌子：“大家注意听，注意听。”可是也起不到什么作用，司机们还是该干什么干什么。一次张经理突发奇想，觉得光说这些道理很枯燥，何况是翻来覆去地讲，大家早就被说烦了，于是他决定用真实案例来警醒各位司机。

一个星期后照例开安全教育会，他是这样开场的：“在上周三，也就是7月23日，凌晨2点22分，黑龙江省绥化市发生了一起重大的交通事故，事故原因是……”话一出口，在座的每一位司机都精神了，也不打盹了，也不闲聊了，也没有随意摆弄手机的了。张经理把事件具体时间说得清清楚楚，并且精确到分钟，让事故发生的时间凸显事件与大家的关联性，使之成为警醒司机们的闹钟。

(2) 第二个W——何地

对于一个事件的发生，有两个要素是听众最想知道的，一是时间，二是地点。有了这两点，事件发生的时空关系才能够表述出来。地点描述得越具体，越能够给听众带来切身的感受。所以在现场报道中，有关地点的描述，最好要精确到某一条路。

(3) 第三个W——何人

人代表事件发生的主体。在现场报道中，它所对应的应该是事件中的人或者物，如果是交通事故，那么涉及的车辆就应该说出其颜色和车型。

(4) 第四个W——何因

在现场报道中，事件发生的时间、地点、人物都交代清楚后，就应该说明是什么原因导致事故发生的，若有的时候不能在第一时间就知道事故的原因，那么就要表明“事故发生的原因正在调查中”，而不能把它忽略掉。

(5) 第五个 W——何果

听众在听一则报道的时候，最关心的就是这个事件发生的结果如何。所以，在现场报道中，除了对事件发生加以详述之外，一定要把事情的结果向听众交代清楚。

有一则报道，是这样写的：

前不久，位于重庆市的一家 4S 店迎来了一位特殊的顾客。这名顾客在春节前预订了一辆售价为 11.58 万元的轿车，可是在提车当天，这名顾客拿来 15 个麻袋的硬币付款。据了解，这 15 个麻袋里装有面值分别为 1 角、5 角和 1 元的硬币，每个麻袋重 160 斤左右。因用硬币支付十几万金额的车款这种事情非常少见，清点工作非常困难。

读完这则报道，有没有觉得少了点什么。事件只交代了事情的时间、地点、人物和事件的起因，没有给出最终的结果。到底怎么办了？4S 店是否接收了硬币付款提车？如果接受，货币清点又是怎样完成的？没有结果的事情会让大家一头雾水，那么这则报道也失去了原本该有的意义。

第十一讲 ╱ 会议讲话
严谨务实，有声有色

会议讲话要求演讲者要有较强的组织协调、调动氛围、控制场面的能力，坚持严谨务实，力求有声有色，打破沉默，紧扣主题，赢得喝彩。

◎活跃的开场白打破沉默◎

范例点评

先来看一则大型培训会议主持词。

大家好，培训马上就要开始了，请大家各就各位，把手机调成静音模式，谢谢大家的配合。我是今天培训的主持人李佳！上午是人精神状态最好、注意力最集中的时候。现在是下午1点40分，我看到各位的脸上都带着倦容，但是我们即将开始的培训内容会让大家精神百倍。大家想不想马上进入我们的正式培训内容？请大声告诉我！

经过一上午的培训，相信大家对中心文化都有了一定的了解，也有了一定的收获。但是，作为中心的驻校代理仅仅对中心文化了解是远远不够的，在座的各位有很多是新代理，可能在代理知识方面、工作的具体细节以及今后的职业发展规划方面有很多疑问，那么现在有请××老师给大家做一个系统的讲解，大家掌声欢迎，有请××老师！

感谢××老师给我们带来精彩的关于代理职业发展规划的讲解，我相信在座的每位学员都会有很大的收获，也希望学员们能够把今天所学的知识学以致用，让我们把热烈的掌声再次送给××老师！当今社会，是一个充满挑战的时代，更是一个竞争的时代，是市场的竞争，是人才的竞争，更是口才的竞争。无论是在工作交际上还是在生活交往中，脱稿讲话是机遇，更是挑战。但是，一旦真的面临脱稿讲话的时候，许多人都会心跳加速、异常紧张，不知说什么或者根本不知道怎么说，面对众多的听众，更多的是感到尴尬、遗憾，同时也失去了在大家面前展示自己的机会，那么大家想不想摆脱这样的尴尬局面？不要因为自己没有好的口才而放弃在公众面前展现自我的机会，不要因为自己没有好的表现能力而错过成就自我、挑战自我的机会。

现在，大家了解了如何与人和谐地交流与沟通，了解了脱稿讲话的核心，我相信咱们中心让人与人之间建立和谐沟通、缩短距离的宗旨，一定会通过大家传遍九州大地。经过一天的培训，大家都会有所收获，那么到现在我们的培训也接近尾声了，下面有请××老师对今天的培训进行总结，请大家掌声欢迎！

主持会议并能够掌控会议的全局，是一门重要且需要技巧的管理艺术。主持者在主持会议时，首先要遵照会议的规则进行。但是，由于参加会议人员的数量、文化水平、工作种类存在着不同，会议有着不可控性。会议在进行过程中会因为各种原因发生不可预料的突发状况，所以主持人要根据不断变化着的情况，灵活地运用各种措施和方法，随时调整各种关系，解决突发问题。也正是由于会议的这种不可控性，会议主持者要有掌控全局的能力，以便有的放矢地控制会场情况。

在会议中常见的问题有：

（1）沉默。主持者在主持会议的过程中，经常会遇到听众对自己说的话毫无反应或者根本不做任何答复的情况，无论主持人怎样启发都没有效果。

（2）离题。会议活动过程中，经常会出现跑题的情况，一些发言者会偏离讨论的主题。

（3）无谓争辩。在自由发言或提问的环节，一些与会者往往会各执己见、相互讥讽、据理力争。

会议上出现沉默、冷场、偏离主题、无谓争辩等情况时，主持人应该怎么办呢？

在讨论中，遇到无人发言或陷入沉默的尴尬境地时，主持人应搞清大家保持沉默的原因，分别采取相应的对策，调节现场的气氛。

（1）进行启发或提问

一些与会人员因为胆小害羞、羞于表达自己的意见而保持沉默，还有一些与会人员因为缺乏经验而保持沉默。遇到这种情况，主持人应该主动鼓励大家发言，也可以进行语言上的启发或者有针对性地提问，并告诉大家这只是观点上的交流，没有对与错之分。当有人发言时，应从面部表情、眼神上显示出对他们的发言很感兴趣，同时给予适当的肯定与鼓励，通过点头、微笑表示认同他们的观点，打破沉默的状态，增强与会者发言的信心和勇气。

(2) 营造良好的气氛

假如与会人员是因为有顾虑，害怕言多必失而保持沉默，不作回应，那么主持人就应努力营造出一种民主、轻松的会议气氛，打消大家的思想顾虑，鼓励与会人员敞开心扉，畅所欲言，勇于发表自己的观点和看法。

(3) 给予肯定和尊重

还有一些与会人员资历老，清高闭守，不肯多言，面对这样的沉默者，主持人应该怎么办呢？这一类人往往阅历较深，无论是生活经验还是社会经验都比普通人要丰富得多，处世比较严谨，有自己独到的见解。他们一方面想故作高深，另一方面又摆出一副清高不俗的架子来。对于这类人，主持者应该表现出尊重的态度来，让他们感觉到自己的意见非常重要。比如："张老师，您是这方面的专家，应该对这个问题有独到的见解，可以跟大家分享一下吗？"这样说，与会者受到鼓励和尊重，就不好意思推托，沉默的状态也就不攻自破了。

(4) 重视每个人的发言

在会议主持的过程中，总会有个别与会人员与大部分人所持意见不同，因为怀有敌对情绪而保持沉默。这类人要么是对议题有不同意见但又不愿意说出来，要么是对主持人有意见却不愿意说。这时候，主持人应从掌控大局的角度和愿望出发，不计较个人的得失与恩怨，用亲切的感情和语气来改变他们的态度。要知道，伸手不打笑脸人，主持人可以向他们主动发问，并对这类人的发言持重视态度，让他们敞开心扉，把自己想说的话说出来，不再保持沉默。

(5) 运用幽默打开话题

在会议主持中，首先打破沉默、站出来发言的人是需要勇气的。如果大家都不愿意做第一个发言者，主持人可以用幽默风趣的话语来鼓动大家成为第一个发言者，打开与会者的话题，同时也可以点名让性格外向、胆子较大或资历较深的人先发言，起到一个带头作用，以此带动大家发言的积极性，打破现场沉默的局面。比如说："王教授，您对这个问题应该另有高见，在这方面您也是资历比较深的专家，大家都等着听您的高见，你给我们带个头吧!"俗话说万事开头难，有第一个人发言，下面就会有人跟上，所以说带头的作用不可小觑，主持人应适时地找出"头羊"，避免沉默的时间过长。

(6) 巧妙暗示，切入正题

在会议的讨论中，一些发言者有时说出的话不着边际、没完没了、脱离主题，甚至说了半天也不知道他到底要表达什么。这时候，主持者应当对发言者保持尊重，不要直接打断他的讲话，而是应该寻找机会作出巧妙的暗示，引导他转入正题。在他发言的时候，主持人应该认真听，找出他发言中贴着议题边缘的话，顺势向着会议讨论的主题方向引导，使发言转回到主题上来，可以通过适时的插话去直接引导，也可以表明他说的话会在接下来的讨论中进行，还要肯定发言者的先知能力，然后再表示放到以后再做讨论，婉转地告诉发言人现在必须要把话题转到中心议题上来。主持人应当快刀斩乱麻，摆脱此类问题的干扰，免得耽误大家的宝贵时间。

技巧指导

主持人是整场会议主持的核心人物，他既要鼓动听众，使现场气氛热烈，还要做好会议的组织工作，因此没有好的口才以及解决突发事件能力的人是很难担当此任的。会议的顺利进行依赖于会场上好的氛围，开场白最能够给人留下深刻的印象，可以起到先入为主、活跃气氛、引发听众兴趣的作用。因此，在主持会议时，主持人的开场白要做到一鸣惊人。

“现在会议正式开始，请××同志发言，大家掌声欢迎……”“请大家安静下来，手机调成振动状态，现在开会，今天会议的主要内容是……”这样千篇一律的开场白枯燥乏味、陈旧死板、缺少新意、令人生厌。会议的开场白应该陈述的内容要包括此次会议的主题、最终目的、积极意义、总体议程，语言要简单明了、条理清晰，语调与表情都要与会议的论题、整体气氛相一致。一个好的开场白能够在一开始就吸引与会者的注意力，增强他们对该会议的兴趣，所以开场白的拟定对主持人来说是极大的考验。

好的开场白应具备三个基本要素：一是开篇点题，提纲挈领，把会议的内容主题讲清楚、说明白；二是借题发挥，调动与会人员的情绪，使与会者亢奋起来，营造良好的会议氛围；三是出口成章，显示出语言的魅力，富有启示性和诱导性，引导参加会议人员迅速进入情况。主持人要尽量避免那种陈旧死板、千篇一律的模式，做到根据会议的实际内容、具体情况、讲话形式，说出会议特点、会议要求，可以谈谈历史上的今天，也可以讲讲别处的此时此刻，总之应该学会变通。

那么，如何才能做好主持工作，让开场白一鸣惊人呢？

（1）彻底准备好自己要说的话

作为会议的主持人，主要起的就是承接各个环节连接、串场的作用，所以可供主持人说话的时间是很短的。如果主持人不知道讲话人说话的目的、他有哪样的资历来讲这个题目，那么又怎么会引起听众的特别兴趣，做一个合格的串场人呢？

大家看电影的时候，就希望影片中有自己熟知或者喜爱的明星；看小品的时候，就希望表演者是众所周知的老一辈艺术家；在欣赏歌舞时，希望它是名扬海外的表演。总之，大家想知道的是他们看到的、听到的是否吸引人，而主持人就要把这方面的信息反馈给听众，所以一定要做到有吸引力。

做主持人最忌讳的就是说得太长，像女人的裹脚布，又臭又长，搞得听众烦躁不安。有些主持人喜欢表现自己的口才，玩弄古今典故，沉醉在自己的幻想中，想让听众牢牢记住自己。还有些主持人喜欢扯些不咸不淡的笑话，有心想让自己的口才在会议中发挥效力，却适得其反。这些都是错误的意识，所以主持人一定要铭记，在主持会议中，你并不是中心，只是配角或绿叶，最大的任务就是更好地突出别人，衬托别人。

（2）热诚且真心真意

会议开场白之后，就要介绍会议流程和讲演人，主持人的态度和讲词同等重要，应该尽量表示友善，不必直接说出自己多么高兴、多么兴奋，只要在介绍时发自内心地表现出真心的愉快即可。另外，主持人宣布演讲者的姓名时，不要直接转身面向他，而是应该保持面向听众，到说出名字的最后一个音节时再转向演说人，这样就能够顺势把听众的视线合理地转移到发言人的身上，然后主持人再悄然退下，使整个环节衔接得当。

每个人的心灵都渴望被他人认可，每个人都想一生与人和睦相处，都希望受人信赖、称赞和推崇，所以如果受到别人的推荐，哪怕是很简短的一句话，其内心都会很敏感。如果主持人能在会议中真心真意地推介一个人，这一定会给予他莫大的鼓舞和支持，同时也增强了他的信心。

(3) 言之有度，把握分寸

主持人在主持会议的时候要讲究分寸，说话要有度。话要说到位，但也不能太过，不然会让听众产生歧义和误解，影响会议的整体效果。讲话的分寸主要由语意和主持人的态度来决定。语意是指语言本身的意义；态度是指讲话时主持人所持的表情和情绪；讲话的分寸则是衡量语言分量的尺度。大家通常说讲话要注意分寸，在这里主要可从两个方面理解。

第一，注意语意上的差别，尤其是那些意义相近的同义词、近义词之间的细微差别。这就要求主持人在遣词造句的时候要细心斟酌，准确地表情达意，恰如其分地表明事实。在表明一个人的工作能力时，通常用“很强”、“较强”、“一般”来进行概括，但是这些词所表达的肯定程度和分寸是大大不同的，使用时要区分开来。再比如，讲到一个人在工作中取得的成绩时，用“成绩”、“成果”、“成就”来表述，其受人认可的分量和程度是千差万别的，程度不同的词语要根据不同的情况来使用，不能信手拈来。领导在会议上主持工作、批评下级时更要讲究分寸，不要信口开河，致使下级产生抵触情绪。倘若不是原则性的大问题、大错误，批评的分量太过严重，就会显得小题大做。被批评的人有意见又不敢反驳，大家都不会顺意，将影响以后的工作。如果是在工作中有较大的失误，批评的分量过轻，几句话轻描淡写地带过，既达不到警告犯错人的目的，也不能显示出警醒他人的效果。当然，领导者若是不分青红皂白地上纲上线、乱批一通，更会引来群众的不满。

第二，注意态度和语调的区别。和风细雨与声色俱厉的讲话态度，在说话的分量和效果上有着很大的差别。领导批评人的主要目的是为了解决问题，分清责任，分析原因，达到教育人、警醒人的目的。领导人首先要阐明问题的严重性，对犯错人进行严肃的批评教育，但这并不表明一定要扯着嗓子，声嘶力竭地呵斥。俗话说，有理不在声高。语言尖酸刻薄，态度粗暴，甚至出口伤人，在言语中流露出嘲笑、讽刺和挖苦别人的意味，必然会激起对方的抵触情绪，甚至会产生激烈的争吵，让场面失控，陷入尴尬的境地，这样做就违背了批评的初衷，不利于解决问题。因此，领导者在讲话中不管是提要求，还是分配任务，或者是批评犯错的人，都要注意自己的态度和语调。

（4）主持会议的语言忌讳

领导者在主持会议的过程中，无论是在语言表达或会议决策方面都要深思熟虑。具体需要注意以下几个问题。

A. 忌讳讲话含混模糊

会议一开始，领导者就应该点明会议的中心议题，而不是打官腔、说套话。为了让会议讨论收到好的效果，不至于偏离议题的正轨，领导者在明确中心议题之余，还应该阐明与议题相关的各种条件，不能够在表达上含混模糊。否则，与会者很难明确要点，导致谈话偏离主题。假如会议现场发生了东拉西扯的情况，领导者一定要及时采取措施将话题扭转回来。一般来讲，领导者可以重新声明一下此次会议的中心议题，这是最为简洁直接的方式方法。

B. 忌讳讲话时陈词滥调

当今社会是不断创新的时代，人们的时间概念越来越强，对那些枯燥乏味的“会海战略”也越来越反感。一个领导者如果没有意识到群众的这一心理趋势，势必会让会议产生负面效应。有些领导者想在会议中照顾周全，常常会表现出一种左顾右盼的态度，导致会议经常出现一种浓厚的“会议八股”的味道，与会者自然对这种枯燥乏味的表述提不起兴趣。

所以，领导者在开会的时候，言语一定要简明扼要，与会议无关的话坚决不说，在讲述会议纲要的时候切忌上纲上线，语言要生动有感染力，否则就是在浪费自己和大家的宝贵时间。

C. 忌讳讲话时拖泥带水

领导者在主持会议的时候，要善于运用简明的语言表达出深刻而有哲理的思想，不要长篇大论，用冗长的言论表明粗浅的观点。讲话拖泥带水会直接导致与会者对领导者的讲话失去兴趣，甚至产生疲惫松散的情绪。会议是因事而开，因此要严格掌控好时间，不能没完没了。事情说清楚了、讲明白了就应该立即散会，抓紧时间去落实会议内容。衡量会议质量的不是时间的长短而是内容是否精良。当然，在开会的时候，也不能为节省时间而漏掉某一要点，否则会议是“简洁明了”，但却没有达到最好的效果，那么也就白开了。

D. 忌讳讲话时突然“断电”

在会议上，要想作出一个科学有效的决策，往往需要大量地翻阅资料，参考多种方案；要树立一个正确的观念，就需要展开一场头脑风暴，这是与会者各种思想进行交锋的体现。如果出现不同与会者的意见发生分歧的情况，或与会者与领导者所持意见有不同看法，领导者应把这当成是好事，好就好在大家能够在讨论中得出正确的结论，能从各个方面提醒领导者防疏补漏。

领导者切忌容不下不同的声音和意见，而应将大家不同的思想进行分析总结，最终寻找出有利于解决会议中心问题的方法。特别是在有些观念认识上会有歧义的会议上，领导者更应该注意自己的遣词造句，要在引导上下功夫，正确的思路引导势必会让与会者言路大开。当然，语言只是一个“外壳”，领导者首先要具备引导、掌控局面的能力，这就要求领导者自身的文学素养、管理能力过硬。

E. 忌讳讲话时专断，拍脑袋决定

领导者应在会议中充分发扬民主精神，鼓励与会者积极讨论，而不是摆出统治者的姿态，一锤定音，切忌将会议搞成一言堂。在会议中，领导者要适当给与会者以启发，要善于使用设问句，带动与会者思考，在讨论会上这一点显得尤为重要。

领导者的水平在会议中体现为对与会者的发言进行思考，综合比较各种意见，把好的观点综合起来，提炼出优质的理念。即便是有些人提出的意见没有太大的建树，但也会在讨论中起到一定的作用，领导者不能在语言中表露出否定或在眼神中表现出不满之意，这样会打消发言者的积极性，导致以后的讨论出现不敢发言、保持沉默的情况。领导者一锤定音不仅破坏了会议当中民主的气氛，还会失去会议原本的意图，讨论就是要各抒己见，一锤定音只能让会议处于失败的边缘。

F. 忌讳讲话时面无表情

会议分为很多种，为了适应各种不同类型的会议，把握不同会议的节奏，领导者要善于制造会场气氛，营造符合会议主题的氛围。在讨论问题时语言要灵活、含蓄、诙谐；在一些发散型、集思广益的会议上，领导者的语言要富有鼓动性，切忌照本宣科、态度冷漠。

领导者首先应该表现出朝气、信心和魄力，才能达到鼓舞人心的目的，才能够感染与会者的情绪。领导者一定要掌握并合理使用丰富的脱稿讲演技巧，让自己的语言富有感染力，这样才能更好地掌控会议的节奏。

领导者在主持会议中应避免以上几个问题的出现，才能使会议达到最终的目的，使整个会议获得圆满成功。

下面有两则会议主持词，可以做一欣赏。

(1) 会议主持开场白：

尊敬的各位领导、朋友们：

大家下午好！

正值盛夏，暖意融融，非常高兴迎来了各位领导，欢迎你们在百忙之中莅临我公司，检查指导工作。各位领导的到来不仅是对工作上的指导与鼓舞，更是给我们提供了一次难得的学习交流机会。在此，我代表公司的全体员工对各位表示热烈的欢迎和最真挚的感谢！

飞扬供电场由玉龙集团与新能投资有限公司共同投资建立，供电场位于××市××县×××乡，建立至今总装机容量100MW，一期工程装机容量49.5MW，共安装29台单机容量1.5MW的风力发电机组，项目预计年发电量 1 亿 KWh。

作为这次盛会的东道主，再次真诚地欢迎所有参加这次会议的领导、专家和各位同仁。我们将以这次会议为契机，认真借鉴各方面的经验，学习先进的技术，扬长避短，开拓创新，加强员工业务技能培训，努力组建一支业务精良、纪律严明、技术过硬的员工队伍，为推动新能源良性循环发展奉献力量。

让我们以此次会议的出发点为契机，以“革命精神”为动力，以作风建设为风向标，有力推动科学发展，让“革命精神”开出绚丽之花、让会议宗旨结出丰硕之果！

最后，请各位领导、专家多提宝贵意见。祝大家事事顺利，身体健康，谢谢大家！

(2) 会议接待欢迎词：

各位领导、各位来宾：

首先，我代表公司全体成员对各位领导、各位来宾莅临我公司参观指导表示最热烈的欢迎。

我公司是一个拥有百年历史、在电网处于喉舌地位的全国特大型供电企业，公司主要承担着地区工农业生产用电和人民生活用电以及向电网输电的任务。售电总量达 302 亿千瓦时，在全国排名前十位。近年来，我公司通过不断深化企业内部改革，积极开展“上星级、创一流”活动，不断提高安全生产水平，争取效益最大化。公司连续 3 年被国家电力公司评为“双文明”先进单位，又被嘉奖为“三星级”

供电企业，“全国一流供电企业”。

纵观企业的发展史，长久以来，我们取得的成绩都依赖于档案能够及时、准确地提供历史资料。1998年的大地震，全国电网瘫痪，如果依照以往的设计和施工方式，就需要大量的资料提供。时间紧迫，我们利用档案所提供的大量资料和详细的技术数据，开展电力恢复建设，节省了大量的时间，很快就在全国范围内恢复了电力供应。近几年，经济建设发展加快，为了适应经济的发展，电网发展需要进行新的统筹规划，为此，我们查阅了大量的档案资料，并依据这些历史资料，全面分析、研究了电网发展形势，并制订了新的电网发展规划方案，为21世纪电网的发展奠定基础。在实行新的电网发展规划方案时，我公司在电力建设用地、产权等问题出现了瓶颈期，经常与一些地方发生纠纷。但是，我们依据档案提供的历史资料，找到了解决办法，并且拿起法律武器维护企业的利益，使企业避免蒙受经济损失。

档案资料给企业带来的好处是无法言说的，这让我们认识到，档案是企业谋求发展非常重要的一部分，它清晰记载并归纳了企业各时期生产建设活动的情况、成果，并且总结经验和教训。充分利用企业的档案资料，可以让我们对企业的建设与发展提出正确的方向、决策和科学有效的谋划、少走弯路;同时也能够让我们全面了解企业的发展历程，汲取教训，加强企业的各项管理，促进企业全面深入的发展。正是基于对档案资料重要性的认识，我公司先后投资100万元用于档案建设，并且专门设立档案管理部门，引进档案管理人才，认真抓好档案升级工作。工作人员按照分类大纲要求，对两万多卷库存档案资料进行重新分类整理，档案管理水平有了显著提高。经过一年对档案资料的整理、规范、汇总，并针对档案管理薄弱的问题，加大了现代化硬件档案建设的力度，购买了微机，并添置了复印机、打印机、刻盘机、扫描仪等设备。同时，企业引进了档案应用管理软件，让企业的档案达到全息管理，实现企业文档一体化，被评为全国档案先进单位。

虽然我们在整理档案中做了很多工作，但由于我们对档案管理的认识还不深入，档案整体管理水平还有待于进一步发展和提高。公司虽然在档案现代化方面投入了大量的人力物力，并且开发了一些新的功能，但是，今后还需要在充分利用这些功能的基础上，为企业生产经营服务提供依据。今天，从事档案管理的领导、专家在百忙之中抽出时间到我公司参观、指导，这本身就是对我们档案管理部门莫大的鼓舞和鞭策，我们一定会珍惜这来之不易的机会，虚心向各位领导、专家学习，不断改进我们的档案管理技术，力争成长为一流的档案管理部门。

最后，请各位领导、专家多提宝贵意见。谢谢大家！

◎“插话”的风范◎

范例点评

张敏是某个公司的董事，在下属公司的会上经常会遇到这样的情况：公司的领导在台上讲得有滋有味、自我沉醉，但台下的同事们却面无表情、呆若木鸡，对领导发言提不起任何兴趣，有的甚至打起了哈欠。张敏明白，这是领导发言的内容枯燥乏味，讲话没有技巧，达不到生动形象的描述所造成的。她不止一次地给下属公司的领导提过建议，说是为了避免上述状况发生，对于一些大家都了如指掌、已经听腻了的套话、车轮话，领导应该做到能不说就不说，实在要说的话，也要注意尽量压缩内容，概括主旨以求短小精悍。这样的会议才是高效的会议，也不会出现听众打盹的情况了。但是，这些领导们却迟迟没有任何的改观。

领导在讲话的过程中，如果发现听众有疲惫甚至睡着的情况出现，领导者也不要着急，要适当地调整自己的精神状态，让自己先兴奋起来，然后转换说话方式来唤醒听众，集中听众的注意力。这种调整和转换要力求自然，千万不能突然加大声音的分贝，也不能突然转换到另一个话题，而是要有一个平稳的过渡。

比如，领导者要想重新吸引大家的注意力，就可以根据会议的主题，讲一个有趣的故事或者采用幽默的语言对内容进行阐述。大家笑一笑，轻松一下，注意力自然也就重新回到演讲上了。

有时候，领导者还会陷入一种尴尬的境地：听众不但没有将注意力集中在讲话上，还在底下窃窃私语，甚至旁若无人地大声喧哗，整个讲话现场乱成了一锅粥。这时，领导者一定要采取措施掌控局面，但是不要突然大声呵斥或者用力拍桌子，尽管大声呵斥在集中注意力方面的效果是立竿见影的。但是，听众只是碍于你领导的身份才安静下来的，而不是真正发自内心地把注意力集中到你的讲话上去。所以，不到万不得已，千万不要发火。领导者可以尝试这样做：突然不说了，停止发言一到两分钟，而且不要显示出不满的情绪，表情平静如水，环视会场，最好还能淡然地向听众报以微笑，听众发现讲话者不讲了，就会立马反应过来，意识到问题的严重性。听众也是有基本素质的，自然会马上停止私下的交谈。接下来，领导不要表达一些对刚才情况的情绪，只要会场安静下来，继续自己的讲话就可以了。

有时候还会遇到这样的情况：领导者正在发言时，会场很安静，但是突然有人不小心将茶杯碰到了地上，发出很大的声音，而且茶水还洒了一身。会场突然就热闹起来，为了能够让会议正常进行，领导者要反应迅速，用简短的两句话使会场安静下来，平复听众的情绪。

在领导者的发言中，掌声是整场发言中一种不可或缺的调味剂。如果领导者的演讲非常成功，在现场带动了听众的情绪，与听众产生了共鸣，听众自然不会吝啬自己的掌声。但是，如果此时发言还在进行中，听众长时间地鼓掌就会对发言者造成影响，打断发言者的思路。那么，为了不影响整场讲话的完整性，领导者可以稍微暂停一下，等大家的情绪都平静下来后再讲话，这样也利于领导者理清下面的思路。领导者发言结束时，面对听众的掌声要有所回应，向大家招手示意，并抱以点头微笑，以表示对听众的尊重和感谢。切忌脱稿讲话结束后就低头处理自己的事情，面对听众的掌声无动于衷。

当然，在脱稿讲话的过程中，有些掌声并不是在鼓励讲话者，在大多数时候，脱稿讲话者应该可以听出听众的掌声是一种反向情绪的表达，是一种无声的抗议。面对这样的情况，领导者应该立即回想一下之前讲过哪些话，是不是有什么不合适的地方，找出其中哪些话“得罪”了听众，导致听众喝倒彩，并不失时机地加以修正，及时调整自己的说话方式。

在脱稿讲话的会议中，领导者要善于“插话”。插话通常是指领导者在脱稿讲话的会议进行中，打断正在陈述的发言者，既可以是借题发挥，也可以是内容的补充、强调，或者是提出反对意见的一种讲话艺术。如果领导者在脱稿讲话的会议中，插话运用得精彩而恰当，不仅能够活跃现场气氛，吸引听众的注意力，还能起到画龙点睛、升华主题的作用。但如果领导者的插话不合时宜、偏离主题、突兀生硬，反而会有画蛇添足的感觉。而且，同样的插话，如果使用的方式不同，选取的插话时机不同，插话所取得的效果也会大相径庭。所以，领导者在脱稿讲话的会议中，必须重视和掌握插话这门语言艺术。

在脱稿讲话的会议中，插话不同于一般的脱稿演讲，为了达到调节会议氛围、推进会议进程的目的，领导者在插话的时候要根据当时的语境和说话者正在表达的内容来采取不同的方式。这集中体现了插话者的综合素养，是领导者经常运用和必须掌握的技巧之一。

技巧指导

(1) 以合适的话题插话

恰当的插话能将会议推向高潮，促进会议向好的方向发展；反之，一句没有水平的插话，能够让会议陷入混乱的状态。有些人在会议的过程中胡乱插话，目的就是为了哗众取宠、故弄玄虚，专门找些新鲜离奇的话题来打断发言者，这样做他以为可提高自身的威信力，殊不知反而会有损插话者本人的形象。好的插话起到的效果，是对讲话者所说的内容进行补充或强调。所以，插入的话题应与整个会议主题有着密切的关联。如果插入的话对主题没有任何意义，那么就不要说。发言者本来正讲得起劲，思如泉涌，大家也听得很认真，你突然打破这个和谐的氛围，而且还插不到点子上，听众的高涨情绪自然就会下滑。所以在脱稿会议的讲话中，领导者插话时不要太鲁莽，要仔细听发言者的内容，适当地做些补充或强调，只有在这种前提下，插话者“横插一脚”才有效果。

(2) 在合适的时机插话

领导者在脱稿讲话的会议中不要见缝插针，话要插得好，就必须选好“缝”。如果发言者的讲话本身没有“缝儿”你却硬往里插，那就会画蛇添足，给会议带来负面的影响。可是，在脱稿讲话的会议中，有些领导者总是不顾他人的感受，跟着自己的感觉走，不懂得把握时机，觉得自己有话就非说不可，也不管时机是否恰当、插话符不符合主题、是否会打乱别人的思路。这样的插话不但会让发言者有种不受尊重的感觉，还会让场面陷入尴尬的境地。而且这样做，产生的负面效应至少有两方面：一是正在发言者会产生抵触情绪，心里会想“我讲得是不是不好，那你上来讲好了”；二是听众也会对这种胡乱插话的行为产生逆反心理，“怎么这么不懂得尊重人，听你说还是听他说”。所以，在插话时，领导者一定要注意选择好时机，在适当的时候插些有质量的话，才会显示出应有的风范和能力。

(3) 插话要显得有质有量

俗话说：“冰冻三尺，非一日之寒。”要想巧妙精彩地插话也不是一时就能够办到的，它是领导者在长期的经验积累中，综合素质和各方面经验的集中体现。所以，领导者平时就应注重加强自身的文学素养、语言积累，练就自然、灵活、准确、简明的语言状态。插话要插得自然，不要刻意为之，要达到呼之欲出的境界。领导的插话要不拘一格、灵活多样，但是插入的话一定要与主题相契合。

(4) 切忌随时随地插话

有些领导者为了显示自己的地位，生怕大家在会议中忽略了自己的存在，插话成癖，这会让听众厌烦的。所以，领导者应当在会议中尽量把自己当“哑巴”，只听不说，即使到了非插话不可的地步，也要注意语气态度。否则，即使领导者的插话很幽默，也会让发言者的心情感到压抑。

第十二讲 ╱ 应酬讲话

反应灵敏，别出心裁

每个人都少不了各种场合中的应酬，面对应酬，应放松心情，反应灵敏，言语自然而不失优美，避免出现冷场尴尬的场面。

◎别出心裁的宴会致辞◎

范例点评

各位老师、各位来宾：

今天我们济济一堂，隆重庆祝××先生百岁华诞。在此，我首先代表学校并以我个人的名义向××先生表示热烈的祝贺，衷心祝愿××先生身体健康！同时，也向今天到会的各位老师表示诚挚的谢意。感谢大家多年来为××系的发展、特别是××学科建设所作出的积极贡献！

××先生是××学科的开拓者和学术带头人之一，也是我国××研究领域的一位重要奠基人。××先生德高望重，学识渊博，在长达60年的教学和研究生涯中，他淡泊名利，不畏艰难，孜孜不倦，不仅为××系而且为当代中国的××学科建设以及人才培养作出了卓越的贡献。

××先生不仅著书立说，为学术界贡献了许多足以嘉惠后学的优秀学术论著，而且教书育人，言传身教，培养了许多优秀的人才。

几十年来，××先生以自己的学识和行动，深刻影响和感染了他周围的同事和学生，为后辈学人树立了道德和学术的楷模。在××先生百岁寿辰之际举行这样一个庆祝会，重温他的学术经历，是非常有意义的，必将激励大家以××先生为榜样，进一步推进全校的师德建设和学科建设。最后，再次衷心祝愿××先生身体健康！祝××系更加蓬勃发展！请大家干杯！谢谢大家！（摘自新浪博客）

下面是一则生日宴祝酒辞：

尊敬的各位朋友、来宾：

你们好！

值此父亲花甲之年、生日庆典之日，我代表我的父母、我们姐弟二人及我的家庭向前来光临寿宴的嘉宾表示热烈的欢迎和最深挚的谢意！

我们在场的每一位都有自己可敬的父亲，然而，今天我可以骄傲地告诉大家，我们姐弟有一位可亲、可敬、可爱，世界上最最伟大的父亲！

爸爸，您老人家含辛茹苦地扶养我们长大成人。多少次，我们把种种烦恼和痛苦都洒向您那饱经风霜、宽厚慈爱的胸怀。爸爸的苦、爸爸的累、爸爸的情、爸爸的爱，我们一辈子都难以报答。爸爸，让我代表我们姐弟，向您鞠躬了！在此，我祝愿爸爸福如东海水，寿比南山松。愿我们永远拥有一个快乐幸福的家庭。祝各位嘉宾万事如意，让我们共同度过难忘的今宵，谢谢大家！干杯！

下面是一则八十岁寿辰宴祝酒辞：

尊敬的各位来宾、各位亲朋好友：

春秋迭易，岁月轮回，我们欢聚在这里，为×××先生的母亲——我们尊敬的×妈妈共祝八十大寿。在这里，我首先代表所有老同学、所有亲朋好友向×妈妈送上最真诚、最温馨的祝福，祝×妈妈福如东海，寿比南山，健康如意，福乐绵绵，笑口常开，益寿延年！

风风雨雨八十年，×妈妈阅尽人间沧桑，她一生积蓄的最大财富是她那勤劳、善良的人生品格，她那宽厚待人的处世之道，她那严爱有加的朴实家风。这一切，伴随她经历了坎坷的岁月，更伴随她迎来了晚年生活的幸福。

而最让×妈妈高兴的是，这笔宝贵的财富已经被她的爱子×××先生所继承。多年来，他叱咤商海，以过人的胆识和诚信的品质获得了巨大成功。

让我们共同举杯，祝福老人家生活之树常绿，生命之水长流，寿诞快乐！

祝福在座的所有来宾身体健康、工作顺利、万事如意！谢谢大家！

在庆祝节日、迎送宾客、生日酒宴等活动上，大家都要举杯祝酒，说一些祝福的话语，互相表达庆贺或期望。对于一个领导来说，在酒宴上脱稿讲话更是常有的事情。领导者一般是酒宴的贵宾，是整场的焦点，一席好的祝酒词能够让酒宴的氛围更轻松愉快，使入席者的心情大好。但是，很多领导在发表祝酒词的时候，反应不够敏捷，言辞也不太优美，甚至端着酒说不了几句客套话就尴尬收场了。大家全都举着酒杯，放下来显得不礼貌，长时间举着又很累，这才叫尴尬!

祝酒词一般是在全场饮第一杯酒的时候说的话，因此祝酒词一定要短小精悍，千万不能太长太绕口。大家举杯的时候都情绪高昂的，要是讲话者啰唆半天，听众的热乎劲儿就冷了，也会觉得厌烦。

技巧指导

不管是在家里面的聚会，还是在酒店举行的宴会，整个场面总需要一个领头的组织者，这就是我们所说的“东道主”。毫无疑问，东道主承担了整场聚会的主要责任。为了使聚会顺利进行、气氛活跃，达到真情实感的交流沟通，东道主一定要懂得在宴会上牵头的技巧。要想在聚会上营造出一种活跃、热烈的气氛，东道主一方面要提出大家感兴趣的话题，使大家在觥筹交错之间能够兴致盎然地畅谈起来，另一方面也需要具备控场的能力，必须要恰当地应对好两类人：一种是过分滔滔不绝、总是抢别人风头的人；另一种是始终保持沉默的人。如果东道主能把这两类人处理得当，那么聚会的气氛就很容易调动起来了。那么怎样才能做好这样的工作呢？可以参照以下方法。

(1) 找寻恰当的话题

东道主要想使聚会的气氛始终保持融洽的状态，不出现冷场的尴尬局面，那么寻找到合适的话题是首要任务。

所谓合适的话题，也就是能够让所有人感兴趣，并且可以促使聚会者相谈甚欢的话题，一般来说这样的话题有两种：首先是大家熟知的话题。很显然，在聚会中提起大家熟知的话题有很多好处，因为在场的每一个人都能够随意地说上几句，发表自己的看法，如此才能聊得火热、谈得妙趣横生，很容易就把大家的兴致都调动起来。大家熟知的话题都是一些曾经共有的体验和经历，因而在谈论过程中很容易激发大家的情感共鸣，拉近大家的心理距离。

要想找到大家熟知的话题很简单，关键是东道主要抓住聚会群体的基本特征。比如在同学聚会上，大家所熟知的话题自然是曾经发生在学校的趣事，只要提起学生时代的那些人或事，很快就能够引发大家连绵不断的回忆，让每一个人都有话说、有事谈。如果是家庭聚会，大家所熟知的话题无非就是发生在家庭内部的琐事，或者是全家出去游玩的愉快经历。

其次就是要找寻大家关心的话题。除了大家熟知的话题之外，那些普遍受到关注的话题也能够迅速调动起聚会的氛围。大家普遍关注的问题不外乎就是牵涉大家个人利益的问题，比如说房价的涨落、工资的涨落、个人事业上的发展等等，这些问题都涉及每个人的切身利益，因此大家都很愿意发表自己的意见。

(2) 如何对付滔滔不绝的人

在聚会上滔滔不绝的人有一个特点，那就是无论谁提起的话题，他都能够插上几句，甚至使聚会成为他一个人的演讲专场。那么怎样才能适当地控制他说话的欲望又不至于得罪他呢？

首先，东道主要适当插话或提问，把他所说的话题朝大家所希望的方向引导。例如，几位同事聚会，有一个人在饭桌上大谈特谈足球的话题，可是其他的人偏偏对此没有太大兴趣，聚会的发起者小张感受到了气氛的异样，就问这位同事："你知道吗？咱们公司规划部的部长年轻的时候可是足球队的主力呢，但是后来检查出患有心肌炎，不能再做剧烈运动了。提起他年轻时候的事，那可真是颇有几分传奇色彩，大家想不想知道？"这样，小张就巧妙地把足球的话题岔开了，又调动了其他人的兴趣。

其次，东道主可以委婉善意地提醒对方。在他滔滔不绝讲话的时候，你可以端起一杯茶水敬过去，并且友好地说："说了这么久，一定口渴了吧。"在座的人一定是忍耐了好久，定会不自觉地笑起来，对方也就感受到了大家的情绪，自然会有所收敛了。

(3) 如何对付沉默寡言的人

要想让聚会中保持沉默的人开口说话是不太容易的事，所以东道主要注意以下几点。

首先，在谈话中探明他们的兴趣所在，然后将他们感兴趣的话题作为主题进行讨论。这就需要东道主耐心地与保持沉默的人进行沟通交流，了解其兴趣所在。一般来说，即使再不善言辞的人，遇到自己感兴趣的话题也会聊上几句，特别是当他对某一问题有独到的见解和深入的研究，他的看法早就在心里有所思考而终于有机会说出来时，他就会获得很大的心理满足，而这种满足感会促使他继续说下去。

其次，刺激刺激他，然后不要忘记热情赞美。比如说在大家谈论某一问题时，东道主可以向他发问："小李一直不说话，应该是有不同的见解吧？不妨跟大家分享一下，可不要吝啬哦！"对方肯定会觉得尴尬，但是碍于面子，也不得不说上几句。这个时候，东道主再抓住其中的闪光之处赞赏一番：“原来半天不见你吭声，是把这么好的见解藏在自己的肚子里呀。”这样的赞美之词会增加对方发言的信心，他也许会就此打开话匣子。

最后，给对方介绍一个“同道中人”。有些人的兴趣爱好比较特殊，因教育程度、文化背景不同而不愿意在聚会上发言。这些人不一定是不健谈，而是觉得跟大家没有共同的话题，有一种“道不同，不相为谋”的感觉。就比如说，一位农民坐在一群领导干部中间，他就会感到不自在，甚至还有些自卑，不知道说什么好。遇到这种情况，东道主最好从在座者中介绍一位与他能够说得上话的人，让他们从共同熟知的话题中开始聊天。

下面是一些宴会致辞范例，大家可以仔细揣摩，学习其精髓。

(1) 父母生日祝酒辞

尊敬的各位长辈、亲朋好友：大家好！

在这喜庆的日子里，我们高兴地迎来了敬爱的父亲（母亲）××岁的生日。今天，我们欢聚一堂，举行父亲（母亲）××华诞庆典。这里，我代表我们兄弟姐妹和我们的子女们，对所有光临寒舍参加我们父亲（母亲）寿礼的各位长辈和亲朋，表示热烈的欢迎和衷心的感谢！父亲（母亲）几十年含辛茹苦、勤俭持家，把我们拉扯长大成人。常年地辛勤劳作，他们的脸上留下了岁月刻画的年轮，头上镶嵌了春秋打造的霜花。在今天这个喜庆的日子里，衷心感谢二老的养育之恩！相信在我们弟兄姐妹的共同努力下，家业一定会蒸蒸日上，兴盛繁荣！祝父母健康长寿，老有所养，老有所乐！再次感谢各位长辈、亲朋好友光临！再次祝愿父亲（母亲）晚年幸福，身体健康，长寿无疆！干杯！

(2) 恩师寿宴祝酒辞

各位领导、老同学们：

值此尊敬的××老师华诞之时，我们欢聚一堂，庆贺恩师健康长寿，畅谈离情别绪，互勉事业腾飞，这一美好的时光，将永远留在我们的记忆里。

现在，我提议，首先向教师敬上三杯酒。第一杯酒，祝贺老师华诞喜庆；第二杯酒，感谢老师恩深情重；第三杯酒，祝愿老师百岁高龄！

一位作家说："在所有的称呼中，有两个最闪光、最动情的称呼：一个是母亲，一个是老师。老师的生命是一团火，老师的生活是一曲歌，老师的事业是一首诗。"那么，我们的恩师——尊敬的××老师的生命，更是一团燃烧的火；老师的生活，更是一曲雄壮的歌；老师的事业，更是一首优美的诗。老师在人生的旅程上，风风雨雨，历经沧桑××载，他的生命不仅在血气方刚时喷焰闪光，而且在壮志暮年中流霞溢彩。老师的一生，视名利淡如水，看事业重如山。回想——恩师当年惠泽播春雨，喜看——桃李今朝九州竞争妍。最后，衷心地祝愿恩师福如东海，寿比南山！干杯！

(3) 爱人生日祝酒辞

各们朋友：晚上好！

老婆，你“抱怨”我不懂浪漫，其实看得出来你满心欢喜；你说只要我有这份心，你就很开心。我们曾是那样充满朝气，带着爱情和信任走入婚姻，我要感谢你，给了我现在拥有的一切——世上唯一的爱和我所依恋的温馨小家！很多人说，再热烈如火的爱情，经过几年之后也会慢慢消逝，但我们却像傻瓜一样执着地坚守着彼此的爱情，我们当初钩小指许下的约定，现在都在实现和体验。

今生注定我是你的唯一，你是我的至爱，因为我们是知心爱人，让我们携手一起漫步人生路，一起慢慢变老！爱你此生永无悔！最后，祝愿各位爱情甜蜜，事业如意，干杯！

(4) 朋友生日祝酒辞

各位亲爱的朋友：晚上好！

烛光辉映着我们的笑脸，歌声荡漾着我们的心潮。跟着金色的阳光，伴着优美的旋律，我们迎来了××先生的生日，在这里我谨代表各位好友祝××先生生日快乐，幸福永远！在这个世界上，人不可以没有父母，同样也不可以没有朋友。没有朋友的生活犹如一杯没有加糖的咖啡，苦涩难咽，还有一点淡淡的愁。因为寂寞，因为难耐，生命将变得没有乐趣，不复真正的风采。

朋友是站在窗前欣赏冬日飘零的雪花时手中捧着的一盏热茶，朋友是走在夏日大雨滂沱中时手里撑着的一把雨伞；朋友是春日来临时吹开我们心中冬的郁闷的一丝春风；朋友是收获季节里我们陶醉在秋日私语中的那杯美酒。来吧，朋友们！让我们端起芬芳醉人的美酒，为××先生祝福！祝你事业正当午，身体壮如虎，金钱不胜数，干活不辛苦，悠闲像老鼠，浪漫似乐谱，快乐莫你属。干杯！

(5) 父亲节祝酒辞

尊敬的爸爸妈妈、各位来宾：

大家好！

今天是个值得纪念的日子，是一年一度的父亲节！我们在这里聚会，为我们的父亲、母亲祝福，祝爸爸妈妈幸福安康，福寿无边！

母爱深似海，父爱重如山。据说，选定6月过父亲节是因为6月的阳光是一年之中最炽热的，象征了父亲给予子女的那火热的爱。父爱如山，高大而巍峨；父爱如天，粗犷而深远；父爱是深邃的、伟大的、纯洁而不求回报的。父亲像是一棵树，总是不言不语，却让他枝叶繁茂的坚实臂膀为树下的我们遮风挡雨、制造荫凉。不知不觉间我们已长大，而树却渐渐老去，甚至新发的树叶都不再充满生机。每年6月的第三个星期日是父亲的节日，让我们由衷地说一声："爸爸，我爱你！"

每一个父亲节，我都想祝您永远保留着年轻时的激情、年轻时的斗志！那么，即使您白发日渐满额，步履日渐蹒跚，我也会拥有一个永远年轻的父亲！

让我们共同举杯，为父亲、母亲健康长寿，干杯！

(6) 乔迁家宴祝酒辞

女士们、先生们：晚上好！

首先，我要代表我的家人，对各位的光临表示由衷的谢意！谢谢，谢谢你们。

俗话说，人逢喜事精神爽，本人目前就沉浸在这乔迁之喜中。

以前，由于心居寒舍，身处陋室，实在是不敢言酒，更不敢邀朋友以畅饮。因那寒舍太寒酸了，怕朋友们误解主人待客不诚；陋室简陋真怕委屈了如归的嘉宾。

今天不同了，因为今天我已经有了一个能真正称得上是家的家了。这个家虽然谈不上富丽堂皇，但却不失恬静、明亮，且不失舒适与温馨。更重要的是，这个家洋溢着、充满着爱！有了这样一个恬静、明亮、舒适、温馨的家，能不高兴吗，心情能不舒畅吗？特意备下这席美酒，就是要把我乔迁的喜气分享给大家，更要借这席美酒为同事、朋友对我乔迁的祝贺表示最真诚的谢意，还要借这席美酒，祝各位生活美满、工作顺利、前程似锦！各位请举杯。

(7) 同学聚会祝酒辞

各位同学：

时光飞驰，岁月如梭。毕业18年，在此相聚，圆了我们每一个人的同学梦。感谢发起这次聚会的同学！回溯过去，同窗四载，情同手足，一幕一幕，就像昨天一样清晰。今天，让我们打开珍藏18年的记忆，敞开密封18年的心扉，尽情地说吧、聊吧，诉说18年的离情，畅谈当年的友情，也不妨坦白那曾经躁动在花季少男少女心中朦朦胧胧的爱情。让我们尽情地唱吧、跳吧，让时间倒流18年，让我们再回到中学时代，让我们每一个人都年轻18岁。

窗外满天飞雪，屋里却暖流融融。愿我们的同学之情永远像今天大厅里的气氛一样，炽热、真诚；愿我们的同学之情永远像今天窗外的白雪一样，洁白、晶莹。

现在，让我们共同举杯：为了中学时代的情谊，为了18年的思念，为了今天的相聚，干杯！

(8) 战友聚会祝酒辞

老战友们：

晚上好！

在这个欢聚时刻，我的心情非常激动，面对一张张熟悉而亲切的面孔，心潮澎湃，感慨万千。回望军旅，朝夕相处的美好时光怎能忘。苦乐与共的峥嵘岁月，凝结了你我情深意厚的战友之情。二十个悠悠岁月，弹指一挥间。真挚的友情，紧紧相连。许多年以后，我们战友重遇，依然能表现难得的天真爽快，依然可以率直地应答对方，那种情景让人激动不已。如今，由于我们各自忙于工作，劳于家事，相互间联系少了，但绿色军营结成的友情，没有随风而去，已沉淀为酒，每每启封，总是回味无穷。今天，我们从天南海北相聚在这里，畅叙友情，这种快乐将铭记一生。最后，我提议，让我们举杯，为我们的相聚快乐，为我们的家庭幸福，为我们的友谊长存，干杯！

(9) 结婚周年庆典祝酒辞

尊敬的各位女士们、先生们：

大家好！二十年风风雨雨，一路爱表永铭。

今天，是××××年××月××日，是一个平凡而又普通的日子。但是，对于我们夫妻来说，却是一个意义非凡而又值得回忆的日子：结婚纪念日——结婚二十周年，又称为“水晶婚”！古人视水晶如冰或视冰如水晶，它晶莹剔透，被人们认为是“此物只应天上有，人间难得几回寻”。无色水晶，还是结婚十五周年纪念的宝石。综上所述，水晶，它是我们平凡人家平凡婚姻的象征——透明的、纯洁的、坚固的、美好的。我们牵手走过了二十个春秋，相互帮助、支持、谦让、友善、爱护，时间让爱情更加甜蜜、更加幸福，美满无比。最后，祝愿大家爱情甜蜜，生活幸福。干杯！

(10) 毕业宴会祝酒辞

尊敬的各位领导、亲爱的朋友们：

大家好！

今天的宴会大厅因为你们的光临而蓬荜生辉，在此，我首先代表全家人发自肺腑地说一句：“感谢大家多年以来对我的女儿的关心和帮助，欢迎大家的光临，谢谢你们！”这是一个秋高气爽、阳光灿烂的季节，这是一个捷报频传、收获喜讯的时刻。正是通过冬的储备、春的播种、夏的耕耘、秋的收获，才换来今天大家与我们全家人的同喜同乐。感谢老师！感谢亲朋好友！感谢所有的兄弟姐妹！愿友谊地久天长！女儿，妈妈也请你记住，青春像一只银铃，系在心坎儿，只有不停奔跑，它才会发出悦耳的声响。立足于青春这块处女地，在大学的殿堂里，以科学知识为良种，用勤奋做犁锄，施上意志凝结成的肥料，去再创一个比今天这季节更令人赞美的金黄与芳香。今天的酒宴，只是一点微不足道的谢意的体现。现在我邀请大家共同举杯，为今天的欢聚，为我的女儿考上理想的大学，为我们的友谊，还为我们和我们的家人的健康和快乐干杯！

(11) 证婚人祝酒辞

各位来宾：

今天，我受新郎、新娘的重托，担任××先生与××小姐结婚的证婚人，感到十分荣幸，在这神圣而又庄严的婚礼仪式上，能为这对珠联璧合、佳偶天成的新人作证婚辞而感到分外荣幸，也是难得的机遇。新郎×先生现在××单位，从事××工作，担任××职务，今年××岁。新郎不仅英俊潇洒，而且心地善良、才华出众。新娘××小姐现在××单位，从事××工作，担任××职务，今年××岁。新娘不仅长得漂亮大方，而且温柔体贴、成熟懂事。

古人常说，心有灵犀一点通。是情是缘还是爱，在冥冥之中早已注定，今生的缘分使他们走到一起，踏上婚姻的红地毯，从此美满地生活在一起。上天不仅让这对新人相亲相爱，而且还会让他们的孩子们永远幸福下去。此时此刻，新郎、新娘结为恩爱夫妻，从今以后，无论贫富、疾病、环境恶劣、生死存亡，你们都要一生一心一意、忠贞不渝地爱护对方，在人生的旅程中永远心心相印、白头偕老、美满幸福。请大家欢饮美酒，祝新人钟爱一生，同心永结。谢谢大家！

(12) 新郎父母祝酒辞

两位亲家、尊敬的各位来宾：

大家好！

今天我的儿子与××小姐在你们的见证和祝福中幸福地结为夫妻，我和太太无比激动。作为新郎的父亲，我首先代表新郎、新娘及其我们全家向大家百忙之中赶来参加××、××的结婚典礼表示衷心的感谢和热烈的欢迎！

感谢两位亲家……缘分使我的儿子与××小姐相知、相悉、相爱，到今天成为夫妻。从今以后，希望他们能互敬、互爱、互谅、互助，用自己的聪明才智和勤劳的双手创造自己美好的未来。祝愿二位新人白头到老，恩爱一生，在事业上更上一个台阶，同时也希望大家在这里吃好、喝好！来！让我们共同举杯，祝大家身体健康、合家幸福，干杯！

(13) 新娘父母祝酒辞

各位来宾、各位至亲好友：

今天，是我们×家的女儿与×家之子举行结婚典礼的喜庆日子，我对各位嘉宾的光临表示热烈的欢迎和坦诚的感谢！今天，是一个不寻常的日子，因为在我们的祝福中，又组成了一个新的家庭。

在这喜庆的日子里，我希望两位青年人，凭仁爱、善良、纯正之心，用勤劳、勇敢、智慧之手去营造温馨的家园，修筑避风的港湾，创造灿若朝霞的幸福明天。

在这喜庆的日子里，我万分感激从四面八方赶来参加婚礼的各位亲戚朋友。在十几年、几十年的岁月中，你们曾经关心、支持、帮助过我的工作和生活，你们是我最尊重和铭记的人，我也希望你们在以后的岁月里关照、爱护、提携两个孩子。我拜托大家，向大家鞠躬！我们更感谢主持人幽默、口吐莲花的主持，使今天的结婚盛典更加隆重、热烈、温馨、祥和。让我再一次谢谢大家。干杯！百年好合！白头到老！

(14) 新人祝酒辞

各位领导、各位亲朋好友：

人生能有几次最难忘、最幸福的时刻，今天我才真正从内心里感到无比激动，无比幸福，更无比难忘。今天我和××小姐结婚，我们的长辈、亲戚、知心朋友和领导在百忙之中远道而来参加我们的婚礼庆典，给今天的婚礼带来了欢乐，带来了喜悦，带来了真诚的祝福。借此机会，让我们真诚地感谢父母把我们养育成人，感谢领导的关心，感谢朋友们的祝福。

我还要深深感谢我的岳父岳母，您二老把你们手上唯一的一颗掌上明珠交付给我，谢谢你们的信任，我也绝对不会辜负你们的。我要说，我可能这辈子也无法让您的女儿成为世界上最富有的女人，但我会用我的生命使她成为世界上最幸福的女人。最后，祝各位万事如意、合家幸福。请大家共同举杯，与我们一起分享这幸福快乐的时刻。谢谢！

（15）满月宴祝酒辞

各位来宾、亲朋好友：

大家好！

此时此刻，我的内心是无比激动和兴奋的，为表达我此时的情感，我要向各位行三鞠躬。一鞠躬，是感谢。感谢大家能亲身到××酒家和我们分享这份喜悦和快乐。二鞠躬，还是感谢。因为在大家的关注下，我和妻子有了宝宝，升级做了父母，这是我们家一件具有里程碑意义的大事。虽然做父母只有1个月的时间，可我们对“不养儿不知父母恩”有了更深的理解，也让我们怀有一颗感恩的心。除了要感谢生我们、养我们的父母，还要感谢我们的亲朋好友、单位的领导同事。正是有了各位的支持、关心、帮助才让我们感到生活会更甜蜜，工作会更顺利。也衷心希望大家一如既往地支持我们、帮助我们、关注我们。三鞠躬，是送去我们对大家最衷心的良好祝愿。祝大家永远快乐、幸福、健康。今天，我们在××酒家准备了简单的酒菜，希望大家吃好、喝好。如有招呼不周，请多多包涵！

(16) 十八岁生日祝酒辞

尊敬的各位家长、学校领导、各位老师，亲爱的全体同学：

大家好！

今天是高三全体同学18岁的生日，首先，我代表全体教师为你们祝福，向你们表示衷心的祝贺！今天，你们将带着父母亲人的热切期盼，面对庄严的国旗许下铿锵誓言，光荣地成为共和国的成人公民，迈出成人第一步，踏上人生新征途。18岁，这是多么美妙、多么令人羡慕的年龄！这又是一个多么美丽而又神圣的字眼，它意味着从此以后，你们将承担更大的责任和使命，思考更深的道理，探求更多的知识。18岁，这是你们人生中一个新的里程碑，是人生的一个重大转折，也是人生旅途中一个新的起点。同学们，在未来的岁月里，我们希望看到那时的你们羽翼丰满，勇敢顽强！我们希望你们始终能够老老实实做人、勤勤恳恳做事，一步一个脚印，带着勇气、知识、信念、追求去搏击长空，创造自己的新生活！我们也祝福你们在今后的人生道路上，一路拼搏，一路精彩！为了风华正茂的18岁，干杯！

（17）三十岁生日祝酒辞

各位亲爱的朋友：

万分感谢大家的光临，来庆祝我的30岁生日。

常言道，30岁是美丽的分界线。30岁前的美丽是青春，是容颜，是终会老去的美丽；而30岁后的美丽，是内涵，是魅力，是永恒的美丽。

如今，与20岁的天真烂漫相比，已经不见了清纯可爱的笑容，与25岁的健康活泼相比，已经不见了咄咄逼人的好战好胜。但接连不断的得失过后，换来的是我坚定自信、处变不惊和一颗宽容忍耐的心。30岁，这是人生的一个阶段，无论这个阶段里曾发生过什么，我依然怀着感恩的心情说“谢谢”！谢谢父母赐予我的生命，谢谢我生命中健康、阳光的30岁，谢谢30岁时我正拥有的一切！我是幸运的，也是幸福的。我从事着一份平凡而满足的工作，上天赐给我一个爱自己的老公和一个健康聪明的孩子。我的父母给了我一份内心的踏实，和我能真正交心的知己使我的内心又平添了一份温暖。我希望，在今后的人生路上，自己能走得更坚定。为了这份成熟，为了各位的幸福，干杯！

（18）五十岁生日宴祝酒辞

各位亲朋好友、各位尊贵的来宾：

晚上好！

今天是家父50岁的寿辰，非常感谢大家的光临！

树木的繁茂归功于土地的养育，儿子的成长归功于父母的辛劳。在父亲博大温暖的胸怀里，真正使我感受到了爱的奉献。在此，请让我深情地说声谢谢！

父亲的爱是含蓄的，每一次严厉的责备、每一回无声的付出都诠释出一个父亲对儿子的那种特殊的关爱。它是一种崇高的爱，只是给予，不求索取。

五十岁是您生命的秋天，是枫叶一般的色彩。对于我来说，最大的幸福莫过于理解自己的父母。我得到了这种幸福，并从未失去过。今天我们欢聚一堂，为您庆祝50岁的寿辰，这只是代表您人生长征路上走完的第一步，愿您在今后的事业树上结出更大的果实，愿您与母亲的感情越来越温馨！祝各位万事如意、合家欢乐。最后，请大家欢饮美酒，与我们一起分享这个难忘的夜晚。

(19) 年终宴会领导致辞

全体工作人员：

大家好！

不知不觉已进入2011年。今天，借助年终会的机会，庆祝公司圆满走过了2010年，迎来了美好的2011年。我谨代表公司领导们对全体员工一年以来为公司的付出表示感谢！

智慧创造企业价值，责任成就企业未来，2010年，全体员工同心协力克服了种种困难，在短短的一年时间内，壮大了员工队伍，提高了技术水平，加快了发展步伐，同时让公司在稳步中前进，为公司日后的发展和扩大规模打下了坚实的基础，公司所取得的成绩和每一项成果，都离不开全体员工的共同努力，你们是公司的核心力量，非常幸运公司有你们这样一群勇于创新、锐意进取的优秀团队，我为公司能够有这样的精兵强将而感到无比的自豪。

回顾2010年，我们所获得的成绩是骄人的，但是面对2011年，我们的任务仍然是艰巨的，在新的一年里，公司要从管理、产品、市场等方面进行大规模的扩张，在平稳发展的基础上快速提升影响力，同时也为员工提供更广阔的发展空间，并努力为大家营造一个舒心愉快的工作环境，让员工在公司感受到家一般的温暖。

值此新春来临之际，我预祝大家新年快乐，工作顺利！并通过你们，向一直在背后默默支持我们工作的家人、亲朋好友致以诚挚的问候，祝大家身体健康、阖家幸福、万事如意！希望今天大家都能玩得尽兴、笑得开怀。

(20) 欢迎宴会上的致辞

尊敬的各位领导、各位来宾、女士们、先生们：

大家晚上好！

在这晚风送爽、丹桂飘香的夜晚，我们相约在此。欢迎大家来到中国普陀山南海观音文化节。今夜将会是一个不眠之夜，也将是一个美好的夜晚。

××是东海之滨最浪漫最美丽的群岛，同时也是中国海洋文化的发祥地之一。海洋赋予这座城市以独特的魅力，在这片万众信仰的人间乐土之上，我们尽情欢歌笑语。海洋对人类的发展有着重要的意义，海洋是人类文明互通有无的重要渠道，走向海洋就是走向世界，海洋文化的发展也是世界文化的发展。观音文化作为××海洋文化中独具特色、最具活力经典的一部分，已经成为我市对外交流、友好往来的重要沟通纽带和良好的平台。近年来，我们充分开发海岛独具特色的旅游资源，做到因地制宜、真抓实干，把我市特有的旅游文化资源优势转化为产业优势，逐步形成了以普陀山南海观音文化节为首的品牌渠道。首次观音文化节受到社会各界人士的广泛关注与支持，在大家的参与下，广结佛缘，我市的旅游产业盛况空前。这一届的观音文化节充分做好继承、创新、发展的准备，进一步挖掘推动了普陀山乃至××海洋文化的发展，逐步将观音文化引向国际。我们将进一步探索我市旅游业的发展，遵循和谐社会建设的新思路、新办法，不断发展壮大我市旅游产业。我们也有理由相信，本届观音文化节的再一次成功举办，必将扩大××海天佛国、渔都港城在国际上的影响力，为加强××与社会各个领域的交流合作，为创造我市美好的明天作出新的贡献。同时，也希望此次观音文化节能够给各位领导、各界朋友留下美好深刻的回忆！下面，我提议，为此次中国普陀山南海观音文化节能够成功举办，为各位领导、各位来宾、朋友们的身体健康，为大家诚挚的友谊，干杯！

(21) 慰问词

全院离退休职工同志们：

月缺月圆又一秋。值此中秋佳节即将到来之际，我谨代表院党组和全院广大职工向你们致以节日的祝贺和亲切的问候!

回顾过去，你们勤勤恳恳，兢兢业业，无私奉献，把美好的年华、热情和精力都贡献给了中国的科技事业和社会主义建设事业，贡献给了中国科学院。中国科学院的每一个进步无不凝聚着你们的辛勤劳动和无私奉献。在此，我谨代表院党组向你们表示最诚挚的感谢!

1998年，在党中央、国务院的大力支持下，我院开始实施知识创新工程试点，标志着我院进入一个新的历史发展时期。四年来，知识创新工程试点工作进展顺利、势头良好。面对我国经济社会发展对我院提出的新任务、新要求，今年年初，我们确立了新时期办院方针，即“面向国家战略需求，面向世界科学前沿，加强原始科学创新，加强关键技术创新与集成，攀登世界科技高峰，为我国经济建设、国家安全和社会可持续发展不断做出基础性、战略性、前瞻性的重大创新贡献”。新时期办院方针已逐步成为全院各单位和全院职工的行动指南。全院为国家民族做“三性”、“一攀登”贡献的创新自信心空前提高，创新目标、成果、水平已呈明显趋高的势头，以曙光、联想巨型计算机、水稻基因组框架图等为代表，涌现出一批在国际、国内产生重要影响的创新成果。知识创新工程愈来愈获得中国社会和科教界的认同与支持。这是全院职工团结奋斗的结果，也是与全院广大离退休职工始终不渝的支持分不开的。

展望未来，我们信心百倍。在党中央、国务院的正确领导下，在全国人民的支持下，在全院职工的共同努力下，我院必将不负党和人民的重托，完成党和人民赋予的历史使命，为中国人民的富裕幸福、为中国经济社会的发展作出应有的贡献。

"莫道桑榆晚，为霞尚满天"。希望你们老有所为、老有所乐，继续关心、支持中国科学院的工作。让我们共同努力，为迎接党的十六大的胜利召开，为中华民族的伟大复兴贡献智慧和力量。

祝你们健康长寿，万事胜意，阖家辛福！

◎让祝酒词得体又大方◎

范例点评

2008年是不平凡的一年，中国举办了期待已久的奥运会。2008年8月8日中午12点，国家主席胡锦涛和夫人刘永清在人民大会堂举办有史以来最高规格的国宴。此次国宴是为出席北京奥运会的贵宾举行的，出席国宴的有170多位贵宾，其中包括近百名国家元首。

胡锦涛主席在这场宴会上的祝酒词是这样的：

尊敬的国际奥委会主席罗格先生，尊敬的国际奥委会名誉主席萨马兰奇先生，尊敬的各位国家元首、政府首脑和王室代表，尊敬的各位国际奥委会委员，尊敬的各位贵宾、女士们、先生们、朋友们：

今晚，北京奥运会将隆重开幕，我们共同期待的这个历史性时刻就要到来了。我谨代表中国政府和人民对各位嘉宾莅临北京奥运会，表示热烈的欢迎！

在北京奥运会申办和筹办的过程中，中国政府和人民得到了各国政府和人民的真诚帮助，得到了国际奥委会和国际奥林匹克大家庭的大力支持。在这里，我谨向你们并通过你们，向所有为北京奥运会作出贡献的人们，表示诚挚的谢意！

借此机会，我对国际社会为中国抗击汶川特大地震提供的真诚支持和宝贵帮助，表示衷心的感谢！世界各国人民的深情厚谊，中国人民将永远铭记！

女士们、先生们、朋友们！

2800多年前在神圣的奥林匹亚兴起的奥林匹克运动，是古代希腊人奉献给人类的宝贵精神和文化财富。诞生于1896年的现代奥林匹克运动，继承了古代奥林匹克传统，发展成为当今世界参与最广泛、影响最深远的文化体育活动。在历届奥运会上，各国运动员秉承更快、更高、更强的宗旨，顽强拼搏，追求卓越，创造了一个又一个佳绩，推动了世界体育运动蓬勃发展。

奥运会是体育竞赛的盛会，更是文化交流的平台。国际奥林匹克运动把不同国度、不同民族、不同文化的人们聚集在一起，增进了世界各国人民的相互了解和友谊，为推进人类和平与发展的崇高事业作出了重大贡献。

当今世界既面临着前所未有的发展机遇，也面临着前所未有的严峻挑战。世界从来没有像今天这样需要相互理解、相互包容、相互合作。北京奥运会不仅是中国的机会，也是世界的机会。我们应该通过参与奥运会，弘扬团结、友谊、和平的奥林匹克精神，促进世界各国人民沟通心灵、加深了解、增强友谊、跨越分歧，推动建设持久和平、共同繁荣的和谐世界。

女士们、先生们、朋友们!

举办奥运会，是中华民族的百年期盼，是全体中华儿女的共同心愿。2001年北京申奥成功以来，中国政府和人民认真履行对国际社会的郑重承诺，坚持绿色奥运、科技奥运、人文奥运理念，全力做好各项筹办工作。我相信，在国际奥委会和国际奥林匹克大家庭的支持下，我们一定能够共同把北京奥运会办成一届有特色、高水平的奥运会。

现在，我提议：为国际奥林匹克运动蓬勃发展，为世界各国人民团结和友谊不断加强，为各位嘉宾和家人身体健康，干杯!

分析祝酒辞，可以大致了解致祝酒辞应该遵循的原则。

(1) 致辞

众所周知，在酒宴上致辞的一般是东道主和尊贵的嘉宾。作为主人，在祝酒辞中就应该说主人要说的话：欢迎、感谢、强调举行酒宴的主题、邀请客人共同举杯饮酒、最后祝福等内容。尊贵的嘉宾根据场合的不同，也可能会致辞，这就需要看主人的安排，俗话说“客随主便”。宾客如果致辞就应该说客人的话，首先表示感谢，其次重申宴会的意义，最后对来宾表示衷心的祝愿。

(2) 时间

宴会上的祝酒辞讲话时间不宜太长，满桌的美食摆在面前，估计大家都没有太多耐心听人讲一些大道理，所以只要饱含热情地说出以上几个方面的意思，然后请大家共同举杯就可以了。祝酒辞的主要目的是为了助兴，是情感交流、活跃气氛的有效手段，所以在致祝酒辞的时候，措辞应符合身份，要表达准确、面带微笑、声音洪亮、语气态度热情亲切。

技巧指导

依据在上面的实例中的经验，我们可以总结出一个公式，大家只要遵照这个公式适当发挥，那么在宴会上致祝酒辞就很容易了。这个公式就是场合 + 主题 + 气氛 + 祝贺。

(1) 场合

注意自己所参加的场合，开场要点名宾客的称呼，对大家的到来表示真诚的谢意，表明大家因何而聚。

(2) 主题

主题就是致辞的意义，也就是说，祝酒辞的核心内容，强调举办宴会的实际意义，与在座的嘉宾有什么实际的联系，这一部分点到即可，不需要致辞人长篇大论。

(3) 气氛

气氛就是要营造祥和的宴会气氛，致辞人在讲话即将结束的时候，要号召大家共同举杯，营造欢乐祥和的氛围。

(4) 祝贺

在祝辞人号召宾客举杯之后，要说些祝愿的话，然后与大家共同干杯。

在致辞人说祝愿的话时，要注意一点，祝愿的内容应该多选取几个角度。大家在宴会中，最少要说出两层祝愿之意：第一层祝愿是对在场宾客的祝愿，可以是祝愿大家身体健康、工作顺利、家庭幸福之类；第二层祝愿是对宴会主题的祝愿。在讲完祝愿的话之后，千万不要忘记说一句：“干杯!”

有了这个公式，祝酒辞就可以由祝辞人自由发挥了。

当然，在酒宴场合上，除了主人正式的祝酒辞之外，宾客还会向其他人敬酒。敬酒当然不能只说“喝、喝、喝”这么没有修养的话，要说出一些有意义有情感的敬酒词，很多人都觉得这是一件困难的事，不知道该怎么说。其实敬酒语把敬酒的意图表达清楚就可以了，主要就是说出敬酒的缘由，可以表达敬意、表示感谢，也可以是提出希望等。但是，内容的实质是表达出对另一方的敬重与关爱。

中国是一个有着浓厚酒文化的国家，网络上经常流传着一些敬酒祝酒的顺口溜，什么“感情深，一口闷；感情浅，舔一舔”等等。但是，严格来说这算不上是敬酒词，而是劝酒词。劝别人喝酒也是需要理由的，但一般是用激将法，比如“你不喝就是看不起我了”、“这杯酒喝了你就是真男人”等。劝酒如果没有起到关爱对方的作用，就一定会令对方不满，所以不提倡这样激将法的劝酒方式。喝酒是为了高兴、为了助兴，应该尊重别人的意愿，酒不在多适量为好，不要强求。

总之，在中国，借酒与他人交流、沟通感情是特有的酒桌文化，善于使用酒宴语言是酒桌文化的必修课，会给自己创造广结朋友、展现自己的绝佳机会。

◎其他公众应酬词欣赏◎

（1）闭幕词

某省人大主任在省人民代表大会闭幕式的讲话：

各位代表：

通过大家的共同努力，省第×届人大×次会议已经圆满落幕，此次会议的各项任务已经完成。会议进行期间，代表们本着对党和人民高度负责的精神，认真履行自己作为人大代表的职责，围绕我省改革、发展、稳定等一系列重大问题，畅所欲言，各抒己见，献计献策，共商加快××发展的宏图大计。大会通过的各项决议，集中凝聚了我省人民的共同智慧，全面体现了省委的精确战略部署，同时也充分反映了全省广大干部群众“加快发展、富民强省”的强烈愿望。会议审议通过了新的监督条例和预算审查监督条例，这两项法规的建立和完善，是继去年省人大代表会议通过立法条例之后，我省民主法制建设史上又一件具有里程碑意义的大事。这次会议是一次民主、团结、求真、务实、奋进、改革的大会，是一次承前启后、继往开来，对我省经济建设和政治改革有着推动意义的大会。对于进一步动员和激励全省人民坚定我省加速发展的信念、明确发展纲领、加快发展步伐，对于推进我省精神文明建设和民主法制建设，具有十分重要的意义。各位代表同志请注意，大会已经确定了我省今年即将开展的主要任务，现在，最关键的就是工作要抓紧落实。落实是这次会议决策的归宿，也是决策的核心、灵魂。无论什么方针、政策和计划，在没有落实之前都是空话，都是虚无缥缈的东西。只有把方针、政策、计划变为实际行动，付诸实践，才能发挥最大的作用，取得实效。

要想落实任务，就要保持奋发上进的精神状态。当前，我省的事业正处于发展的关键时期，绝不能墨守成规、不思进取，而是要适应形势发展的需要，积极应对新挑战，不断创新，不断进取，改进作风；绝不能纸上谈兵，对于上级的指示和部署要根据实际情况展开落实行动，不要只停留在一般号召上，照本宣读，而是要根据实际情况，从本地区、本单位的发展角度出发，创造性地开展工作；绝不能因为是干部而无所事事、碌碌无为。身为党和人民的公仆，要时刻想着如何为党和人民建功立业，如何为党和人民全心全意服务，如何诚心诚意为人民谋福利，要按照××同志提出的要求，时刻保持蓬勃的朝气、昂扬的激情、浩然的正气。

抓落实，就要坚持依靠群众的力量。群众是国之根本，我们没有任何理由漠视群众，不倾听群众的声音，作为党和人民的领导干部，必须时时关心群众，处处以人民的利益为最广大的根本利益，事事依靠群众，善于团结群众，从群众中汲取智慧和力量，激励群众的创新精神；群众是国家的主人，而我们是人民的公仆，我们没有任何权力也没有资格为自己谋取私利，所以大家必须树立正确的权力观，始终保持同人民群众的血肉联系，做到全心全意为人民服务，切实从人民群众的利益出发；提高群众的生活水平，是我省开展一切工作的根本目的，我们没有任何道理奢谈经济发展而对群众的生活质量漠不关心，必须时刻处理好生产与生活的关系，力争解决群众的突出困难，带领群众共同致富。

抓落实，就要从根本上树立求真务实的工作作风。我们开展一切事业，都要坚持从实际出发，把务实发展的愿望与尊重客观规律相结合，做到尽力而为，量力而行；我省的一切政策和措施，都要看其是否严格遵循符合科学发展观，是否符合“三个代表”重要思想的要求，是否切合人民群众的深切愿望。如果符合就要毫不动摇地坚持下去，如果不符合就要实事求是地改进；我省在开展各项具体工作的前提下，都要立足于体察民情、说实话、办实事、让群众拥有更多的权力，得到更多的实惠，做到用经济和社会扎实发展的成果取信于民。

抓落实，就要严格建立严明高效的工作责任机制。建立并完善各项工作考核制度，落实重大问题的责任追究制度是保证工作取得实效的有力保障。责任要具体，要及时将任务分配到人、到户，明确职责、期限和要求；更要建立起监督审查的机制，不能把工作停留在开会、发文件、作指示的表面功夫上，而是要看具体落实了多少，落实的效果如何，做一件成一件；要做到赏罚分明，要坚决反对推卸责任，拉帮结派，不给不正之风的滋长蔓延以任何可乘之机。

各位代表，今年是党和国家在历史上非常重要的一年，落实好今年的各项工作，有着非常重大的意义。希望大家回到各自工作岗位后，各司其职，带头把大会的主要精神传达给群众，把大会通过的各项决议和法规做好宣传，真正地做到贯彻落实，与广大人民群众一道团结奋进，积极推进依法治省、以德治省的战略部署，为实现“加快发展、富民强省”的目标作出实际贡献。现代化建设的壮丽前景已经展现在我们眼前，我们应该更加紧密地团结在党中央周围，在党的政策方针指引下，高举邓小平理论伟大旗帜，以“三个代表”重要思想为指导，把理论与实践相结合，全面落实科学发展观，贯彻此次大会的精神，解放思想，追求创新，谋求发展，扎实工作，以改革和发展的长远目光迎接祖国繁荣富强的明天!

在新春即将来临之际，借此机会，我也祝愿各位代表、同志们和广大群众新春愉快，万事如意!

现在，我宣布，××省第×届人民代表大会第×次会议圆满闭幕。

某市举办的律师论坛交流会闭幕式上的讲话：

尊敬的各位来宾、各位律师界的同仁们：

大家好!

为期两天的“第三届朝阳市律师论坛交流会”就要结束了。经过全体与会人员的共同努力，我们顺利完成了此次会议的各项议程，在融洽和谐互动氛围中，我们收益颇丰，论坛交流会也取得了圆满成功!

在这两天时间里，来自全国各地的律师代表和法律界专家学者济济一堂，围绕“××”这一主题，深入探讨了律师在当今创新型社会中的使命和责任；明确了在和谐社会建设中，律师这一职业的发展之路。此次交流会上，知名学者、业界专家教授、领导嘉宾的精彩演讲，让我们体会到知识的厚重与凝练；在论坛交流会的主题探讨环节，各位与会代表的精彩发言，向我们展示了广大律师骄人的文学素养和良好的职业道德，各位同仁在学术造诣上可谓是律师界的领袖人物；参展的近百幅书画作品，各有特色，有的大气磅礴如激流奔涌，有的行云流水如延绵彩云；文艺演出也是精彩纷呈、活力四射、充满和谐欢乐的氛围；此次论坛交流会上评选出的优秀论文，严谨细致，言之有物，充分展现了各位律师同仁的调研成果，体现了律师同仁们冷静的心态、颇高的文学素养、扎实的理论功底。作为一名律师，只有具备理性的思考的能力，才能在法庭上辩论从容，猝然临之而不惊，欲加之压而不畏惧。刚才，在模拟法庭环节，论辩双方精彩的对决，让在座的每一位朋友深深地体会到，智慧源于知识的积累，源于经验的总结。

白驹过隙，回顾我们的律师论坛，从最初的30多人，到今天汇集了千人之多的业内精英，在这里，我不禁深深地感慨，时代所提供给律师们得以不断发展的机遇，感慨于党和政府以及人民群众对律师们的信任和支持，感慨于律师同仁们在这一行业中艰苦创业的奋斗精神。在此基础上展望未来，我们更要以纵览全局的视野，认识和把握在金融危机的影响下，中国经济发展的未来走向和发展趋势，以高度的社会责任感明确当代中国律师的使命与责任；以审慎而务实的态度不断提升中国律师的业务素质；充分总结广大律师同仁们的经验与智慧，以律师特有的职业功能为国家为人民作出应有的贡献！

此次论坛交流会即将接近尾声，我不禁回忆起它的发展历程，在最初创办这一轮交流会的过程中，主办方与承办方及各协办单位全心全力做好一切工作，各单位密切配合与相互支持的一幕幕情景不时地浮现在我的脑海中。各位律师同仁们和工作人员在时间紧迫、议题广泛的情况下，克服一切困难，为论坛的成功举办付出智慧与汗水。在这里，我代表主办方，代表大会向大家表示最诚挚的谢意！

祝××律师论坛交流会越办越好！也祝愿律师业的发展前景越来越好！

谢谢大家！

(2) 慰问词

某市领导在慰问老干部会上的讲话：

尊敬的各位老领导：

你们好！

在一年一度的新春佳节即将到来之际，我谨代表党和政府向各位老干部、老领导表示深切的关怀和慰问，对各位曾经为我市经济建设和社会发展贡献力量、出谋划策表示衷心的感谢！

下面，我就去年我市的经济发展工作向各位老领导、老干部作个简要的汇报。

过去的一年里，我市在中共××市委、市人民政府的领导下，高速发展。高举邓小平理论伟大旗帜，坚持以党的基本路线为发展方针，深刻贯彻落实江泽民同志“三个代表”重要思想，牢牢把握“解放思想、深化改革、创新发展”的工作大局。

在新的一年里，我市将严格按照既定的战略方针、指导思想和工作重点，克服前进道路中的一切困难和解决种种问题，进一步加大产业结构的调整力度，加快企业创新改革的步伐，以“后花园”建设为目标，切实抓好以城市建设为中心，以周边地区建设发展为目标，加强市县乡公路、水库、电站的管理，加快一些重点基础设施和景区景点的建设，加大生态保护的力度，促进我市经济的全面发展。各位老领导，党和政府真诚地希望你们一如既往地对我市的发展献计出力、出谋划策。即使你们退居二线，但是你们在人民和政府的心中永不退休，希望你们依然能够发挥余热，为全市180万各族人民的幸福谋求福利。

在春节到来之际，我谨代表党和政府以及广大的人民群众预祝你们身体健康，万事如意，新春快乐!

四川省人大常委会领导在“5·12”汶川地震时期的慰问讲话：

“5·12”汶川大地震灾区的干部群众们，奋战在抗震救灾前线的解放军指挥官、武警官兵、民兵预备役人员、广大的公安民警、医务工作人员和新闻工作者，在川参与抗震救灾的各救护人员、志愿者及社会各界人士：

2008年5月12日14时28分，我省汶川县发生了里氏8.0级的灾难性大地震，其破坏之严重、人员伤亡之多、抗震救灾的难度之大都是历史上罕见的，此次地震给人民群众生命财产造成巨大损失，许多村庄在瞬间夷为平地，无数家庭处于家破人亡的境地，数百万人无家可归，数千万人遭受地震灾害带来的苦难，全国为之震惊，世界为之震惊!

我代表四川省人大常委会谨向受灾群众表示深切的慰问！向在这次地震中不幸遇难的同胞们表示沉痛的哀悼！向日夜奋战在抗震救灾前线的广大解放军指挥官、武警官兵、民兵预备役人员、广大公安民警，在川参加抗震救灾的医护人员、志愿者及关注此次事件的社会各界人士，向日夜坚守在抗震救灾前线的广大干部群众，表示衷心的感谢并致以最崇高的敬意！

人民利益高于一切。灾情发生以后，党中央、国务院十分关心灾区人民，密切注意灾情动向及救灾进展，对抗震救灾工作进行了紧急动员和周密部署，要求举全国之力坚决打胜抗震救灾这场艰难的硬仗。胡锦涛总书记、温家宝总理不顾自身安危，亲赴灾区看望受灾群众，指挥工作，鼓励救援队伍，组织部署救灾战略方针，坚定了我们战胜灾难的勇气和信心！四川省委省政府坚决贯彻执行党中央、国务院的决策部署，调动全民力量组织开展抗震救灾工作。目前为止，各项工作在紧张、有力、有序、有效地进行中。广大参战官兵、国（境）内外救援队员、医务人员、志愿者和基层党员干部，无不遵守全国人民团结一致的理念，视灾区人民为亲人，不怕苦，不怕累，不怕流血牺牲，不怕艰难险阻，不怕疲劳，连续工作在救灾第一线，日夜奋战在抗震救灾的现场，全力以赴多方面开展救援行动，在死亡线上抢救出数以万计群众的生命，救治伤员达数十万人，迅速转移并安置受灾群众近百万人；近3000万受灾群众团结一致，自强不息、奋力抗争，以极大精神力量和坚强的意志开展自救互助行动，与此次灾难进行顽强抗争。在这场举世震惊的巨大灾难面前，正是奋战在一线的你们谱写出无数波澜壮阔、感人至深、可歌可泣的伟大乐章，谱写出了抗震救灾的伟大战歌，给无数命悬一线的灾区人民带来希望。你们的不朽功勋和生命壮歌深深感动了神州大地，必将成为人民心中最英勇的形象。你们是最坚强勇敢的人，你们是最可爱的人！

当前，抗震救灾工作正处于刻不容缓的紧要关头。我们要坚持在党中央、国务院的正确领导下，贯彻落实省委、省政府的安排部署，把抗震救灾作为当前一切工作的重心，继续发扬不畏困难、团结一致、连续作战的拼搏精神，全力以赴开展抗震救灾的工作，帮助受灾群众重建家园，恢复生产生活。

地震，可以改变山河；灾难，让我们痛失家园。但是，任何苦难都不能动摇全国人民团结一致抗震救灾的坚强意志和重建美好家园的决心。我们坚信，在党中央、国务院的正确领导下，我们万众一心、众志成城、不畏艰险、百折不挠，一定能够取得抗震救灾工作的全面胜利!

某县委领导中秋节慰勉外地人士会上的讲话：

为我县发展作出杰出贡献的外地朋友们：

你们好!

月圆之时，便是团圆之时。值此中秋佳节到来之际，我谨代表中共××县委××县人民政府向生活和工作在我县的外地人士以及社会各界关心我县经济发展的朋友们致以最诚挚的问候和最衷心的感谢!

每逢佳节倍思亲。这种情感我们共同感受，一同分享。当然，作为生活在××县的人，我们更希望感受和分享的，是××县这一年来茁壮成长的喜悦。在这份沉甸甸的喜悦里，包含了大家的智慧与汗水，有你们无私奉献的精神和真切的情感，有你们真诚的帮助和大力的支持。亲情，是血浓于水；友情，更香醇如美酒。今天的××县正站在一个崭新的历史路口，面临更好更快的发展前景。在这里我恳切地希望大家一如既往地关心、支持××县，积极为××县做宣传，为××县与外界各地的经济文化牵线搭桥，让更多的有识之士加入到我县经济建设与发展的滚滚洪流中来。

今夜，祖国大地秋风送爽，丹桂飘香；晴朗夜空万千星宿，皓月升腾。我始终坚信，靠父老乡亲的共同努力，加上大家的关心与支持，我县的经济实力一定会在不久的将来得到迅速的提升，取得更加丰硕的成果，谱写出更加美好的历史乐章！我们生活在这片沃土之上，我们不是亲人，但胜似亲人，再次对大家表示感谢，祝愿大家中秋快乐！

谢谢你们！

(3) 答谢词

共青团领导在希望工程捐赠活动上的答谢词：

尊敬的领导、各位来宾、媒体界的各位朋友：

今天，我很荣幸能够参加此次希望工程捐赠活动。我谨代表共青团××省委、××省实施希望工程领导小组对此次举办捐赠活动的主办方表示衷心的感谢，此次义举给希望工程带来重大的意义！

××省希望工程项目从开始实施至今，已经累计筹得善款××亿元人民币，在全省多个县市区兴建希望小学××所，全额资助优秀贫困学生××名。希望工程项目在我省大力开展并成功实施，为发展××贫困地区的教育事业作出了积极向上的贡献。中国科技促进发展研究中心的一项评估报告表明：“希望工程已经成为我国社会各界人士参与最广泛的慈善活动，也是最富影响力的社会公益事业。”

社会各界人士对希望工程的关注和支持是××希望工程蓬勃发展的有力支柱。此次捐赠活动的举办，充分体现了××公司及全体员工关爱社会、乐于奉献的高尚品质，更体现了××公司及全体员工秉承“回报社会、奉献国家”的理念，大力推进希望工程的进程，同时也体现了××公司及全体员工情系贫困山区关爱弱势群体的情怀。这次捐赠活动的义举，让我们看到了一个极富社会责任感的企业形象。

送人玫瑰，手有余香。我省数以万计贫困学生需要救助，更有多所危旧校舍需要重建或改造，少年强则国强，为了全民族的美好明天，我们殷切希望社会各界能够像××公司一样，伸出援助之手，为祖国未来的栋梁之才献出一份爱心。

有句歌词这样写道：只要人人都献出一点爱，世界将变成美好的人间！我始终坚信，只要社会各界都伸出援助之手，为希望工程的全面推进贡献力量，那么希望与光明必定点亮整个世界！

谢谢大家！

第十三讲 ╱ 辩论讲话

机敏睿智，大气风度

> 在叱咤风云的辩论场合，唯有调动全部的聪明才智，才能让机敏和睿智在唇枪舌战中闪光。掌握辩论技巧，是赢得辩论的捷径。

◎巧对辩场上的风云多变◎

范例点评

辩论是进步的体现，有争论才有进步。长久以来，大家对辩论总是持有这样的观点：无论争论得如何激烈，真理只有一个。因此，在辩论发生时，大家总是习惯于去追究到底哪一方是正确的，哪一方是错误的，却很少有人关注辩论双方的思维方式以及如何用辩证的眼光去提问题。

1940 年，丘吉尔在张伯伦内阁中担任海军大臣，并由于力主对德国宣战而受到人们的尊重。当时，舆论欢迎丘吉尔取代张伯伦出任英国首相，丘吉尔也认为自己是最恰当的人选。

但丘吉尔并没有急于求成，而是采取了“以慢制胜”的策略。他多次公开表示在战争爆发的非常时期，他将准备在任何人领导下为自己的祖国服务。当时，张伯伦和保守党其他领袖决定推举拥护绥靖政策的哈利法克斯勋爵作为首相候选人，然而主战的英国民众公认在政坛上只有丘吉尔才具备领导这场战争的才能。

在讨论首相人选的会议上，张伯伦问：“丘吉尔先生是否同意参加哈利法克斯领导的政府?”能言善辩的丘吉尔却一言不发，足足沉默了两分钟之久。哈利法克斯和其他人明白，沉默意味着反对，一旦丘吉尔拒绝入阁，新政府就会被愤怒的民众推翻。哈利法克斯只好首先打破沉默，说自己不宜组织政府。丘吉尔的等待终于换来了英国国王授权他组织新政府。

唇枪舌战是论辩的最好体现，是激动人心的，但无论谁胜谁负，论辩总得有个结果，结束的时候也应该有一个圆满的收场。论辩场上的你来我往是社会生活的一部分，是人与人之间思想交流的一种方式。如果大家只是一味地盯住论辩的输赢而忽略收场，就会让论辩变质，导致人际关系紧张甚至恶化。

技巧指导

反客为主的表面意思是客人反过来成为主人，常常是指变被动为主动。在辩论赛中，被动即处于赛场上的劣势，也往往是最终失败的先兆。辩论赛中的反客为主，通常说就是在论辩中让处于劣势的自己绝地反击，变被动为主动。那么怎样才能变被动为主动呢？大家可以参照以下几种反客为主的技巧。

(1) 借力打力

大家经常可以在武侠小说中看到一些武功招数，其中有一招叫作“借力打力”，意思是说内力深厚的人，可以把对方攻击自己的力量转化成反攻力量，并以此来反击对方。这种招数同样可以运用到论辩中来。

举个例子，在关于“知难行易”的辩论中，看看他们是怎样“借力打力”的。

反方：每个人都知道法律的权威性，但是知法容易守法难。每个人心里都有一个恶魔，当恶魔战胜人性时，罪犯已经不知道害怕了，法律的意识会被淡化，甚至隐藏。

正方：那些罪犯正是因为上了刑场，死到临头才知道法律的权威性，才懂得害怕。法律的尊严，就是“知难”哪，对方辩友！台下响起热烈的掌声。

反方以“知法容易守法难”的犯罪事例来论证“知易行难”时，正方马上运用了“借力打力”的招数，从“知法不易”的角度入手，强化己方观点，给对方以有力的回击，奇迹般地扭转了局面，让处于劣势的自己翻身成为占有优势的一方。

在这场辩论中，正方之所以能借反方的例证“借力打力”，是因为他有一系列新译字词的理论作为自己论证的强大后盾：辩题中的

“知”，不仅仅是“知道”的“知”，而更应该是建立在人理性思维和处世基础上的“知”；守法并不难，但懂得时刻保持人的理性，克制内心滋生出的邪恶欲望，却是很难的。这样，正方就乘机借反方狭隘、低位定义的“知易”和“行难”进行有力的回击，击溃了反方构建在“知”和“行”最浅层面上的理论框架。

(2) 移花接木

摒除对方论据中存在缺陷的那部分，偷偷换上于己方有利的观点或材料，这种方式往往可以收到“四两拨千斤”的效果。这种反客为主的方式叫作“移花接木”。

例如在“知难行易"的论辩中。

反方：古人说“蜀道难，难于上青天”，也就是说蜀道难于行走，“走”就是“行”嘛！要是行不难，那西游记齐天大圣为什么叫“孙行者”而不叫“孙知者”呢？

正方：孙悟空最初的名字确实叫孙行者，可对方辩友应该也知道，他的法名叫孙悟空，那么“悟”是不是“知”呢？

这是一个非常漂亮的“移花接木”的例子。反方的理论看似有板有眼，实际上却有些牵强，以“孙行者为什么不叫孙知者”中的“行”与“知”进行辩驳，虽然在气势上占了上风，但是正方却敏锐地发现了反方论据的片面性和强词夺理，果断地从法号“孙悟空”这一角度着手，以“悟”就是“知”来反驳对方，使对方提出的论据成为抱薪救火，自己却惹火烧身。

移花接木这种反客为主的技巧，在论辩理论中属于强势攻击的一种，它要求辩手要敢于接招，勇于反击，所以也是一种难度较大、正面冲突强烈、说服力极强的论辩技巧。其实，在辩场上指点江山、激昂雄辩、风云变幻，并不是随时都有“孙行者”、“孙悟空”这样现成的材料可以提供给辩手使用的。也就是说，更多的“移花接木”是需要辩手根据对方论述的观点和自己所处的立场进行适当发挥的。

(3) 顺水推舟

顺水推舟这种反客为主的技巧，就是在表面上认同对方的观点，附和对方的逻辑进行推理，然后在推理的过程中根据自己一方的论据需要，设置一些符合情理的障碍，让对方逻辑在所增设的条件下难以立足，或者得出与对方观点截然相反的结论。

例如，在“愚公应该移山还是应该搬家”的论辩中。

反方：愚公搬家不但能够解决眼前的困难，而且保护了大自然的固有资源，节省了人力、财力，这难道不对吗?

正方：当然，愚公搬家是解决眼前困难最简单的方式，是解决问题的好办法，可是愚公所处的地方连门都难出去，山路崎岖险恶，家又怎么搬？由此可见，搬家是可以的，但是也要在移完山之后再考虑！

神话故事的特点就是夸大事实来说明道理，主要的目的不是要表达故事的本身而是要彰显寓意，因而正方没有让反方周旋在就事论事之上。从双方的辩词来看，反方借助现代的方法论就事论事，理据充分；而正方先是顺势肯定“愚公搬家不失为一种解决问题的好办法”，然后抓住“愚公所处的地方连门都难出去”这一关键点，自然而然地推出“无法搬家”的理论，最后水到渠成，阐明“先移山，后搬家”的结论。正方如此一番理论环环相扣、节节贯穿，以强势的攻击力把对方的就事论事打得落花流水，这一招顺水推舟用得好、用得妙！

（4）釜底抽薪

在辩论赛中，许多辩手惯用的进攻招式就是刁钻的选择性提问。通常，这种提问是有计划、有预谋的，它能将对方置于两难的境地，无论对方作出哪种选择都不会得到什么好处。应对这种提问的具体方法就是：辩手可以从对方的选择性提问中，挑选出一个预设选项来进行反诘，从对方论点的根基上挫败对方的锐气，这种技巧就叫作釜底抽薪。

例如，在“思想道德应该适应市场经济”的论辩中。

反方：请问对方辩友，雷锋精神是无私奉献精神还是等价交换精神？

正方：请对方辩友注意，你们错误地理解了等价交换的意思，等价交换就是说，所有的交换都要有相同的价值，但并不是说所有的事情都是交换，雷锋乐于助人的精神是不求回报的，更没有交换的概念，所以说，雷锋精神谈不上等价。

反方：那我还要请问对方辩友，思想道德的核心是全心全意为人民服务的精神，还是追求利益的精神？

正方：哈哈，我想反问对方辩友，全心全意为人民服务难道不是市场经济的要求吗？

在以上辩论中，反方明显有“请君入瓮”之意，是不打无准备之仗。显然，如果正方辩手采用定式思维被动回答问题，就难以处理反方预设的选择题：假如选择前者，则刚好帮助对方证明了“思想道德应该超越市场经济”的这一观点；如果选择后者，就与事实不符，有悖常理。但是，聪明的正方辩手跳出了反方预设的陷阱，逃离出反方条条框框的设定，直接变被动为主动，从两个预设选项中抽出“等价交换”的概念，以釜底抽薪之势彻彻底底地推翻了反方的观点，语气从容不破，语言犀利又不失逻辑性，充分反映了正方辩手才思之敏捷。

当然，辩场上的实际情况总是会风云多变的，十分复杂，要想在论辩中变被动为主动，除了掌握一些反客为主的技巧，还要懂得运用自己的智慧自由发挥，这一点就要求辩手们有丰富的知识储备和应对问题的快速反应能力。

(5) 攻其要害

在辩论中辩论双方常常会陷入一种情况：双方纠缠在一些细枝末节的问题上，或者在一些例子上争论不休，既得不出结论又不肯罢手，看上去辩得热火朝天，实际上早已经离题万里，这是辩论的最大忌讳。那么怎样才能避免这样的问题呢？一个重要的技巧就是：在对方一辩、二辩陈词结束后，迅速地判断出对方立论中的要害问题，然后狠狠抓住这一问题直击到底，从理论上彻底地击败对方。

例如以“温饱是谈道德的必要条件”为辩题，这一辩题的要害问题就是在不能解决温饱问题的状况下，还能否谈道德？在辩论过程中，只有始终抓住这个要害问题，才能巧妙地给对方以致命的打击。在辩论中，辩手们常常采用“避实就虚”的招数，其实偶尔使用这种技巧是很有必要的。比如，当对方提出一个不能直面回答的问题时，如果迎难而上、勉强回答，不但会失分，甚至可能成为辩论中的笑柄。在这种情况下，辩手就要学会机智地避开对方的问题，另辟蹊径，找到对方的弱点进行反击。多数情况下，是需要“避虚就实”、“避轻就重”的，也就是说善于从最基本的、关键的问题的角度入手，从这两方面来跟对方打硬仗。如果对方一提问题，不管什么样的问题，就立刻回避，势必会给评委和听众留下不好的印象，会给大家造成不敢直面问题的感觉。所以，要善于敏锐地抓住对方问题的要害，猛攻下去，绝不松懈，这才是辩论的重要技巧。

◎辩论的风度◎

范例点评

有两个人争论哲学问题，甲认为“看不见的东西便不存在”，乙据理力争，坚决反对甲的观点。乙灵机一动，一板一眼地问甲：“如果你坚持认为看不见的就不存在，那么我问你，你妈在生你的时候你看见了吗?”这时候甲涨红了脸，愤怒得几乎要跳起来。乙看到甲生气的样子，边笑边指着自己的鼻子说：“你别气啊，我也是妈生的!”甲瞬间化愤怒为微笑，二人握手言和。

乙为辩理，无意中伤害了甲的自尊心，也让甲无言以对。两人此时的关系已经达到了白热化的程度，可是胜利在握的乙却凭着幽默的自嘲语言及时修补了二人的关系，乙算得上是一个懂得收场的人。

作为获胜的一方，要懂得察言观色，主动伸出橄榄枝缓和剑拔弩张的气氛，适时地自我调侃一下，给对方留有余地。如果获胜一方摆出一副盛气凌人、步步紧逼的架势，就会引起对方的反感，那么所谓的胜利也只是表面上的输赢而已。

获胜人在收场时还应顾及对方的脾气禀性、为人品格。君子不会介之于怀，小人则会怀恨在心、伺机报复。如果遇到这种人，胜辩者不妨将他的险恶之心曝光在大众面前，尽量阻断他伺机报复的后路，同时迫使对方显示出大度的胸怀，缓解尴尬的场面。

一位职员在与经理辩论的时候，职员获胜了，但是经理心里却不舒服。职员忽然笑着说："经理，今天看似是我辩胜了，其实我是败惨啦!"经理很疑惑地问："为什么?"职员说："因为你是经理，我还要在你手下工作呀!"经理尴尬地笑了笑："哪能呢？你看我是那种记仇的人吗?"职员顺势说："呵呵，当然不是。"

辩论失败的一方，也负有配合获胜方收场的责任，不要因为一时的失意而失去理智，最终连人格也输给对方。如果败方能够主动赞美对方，就能够显示出其高风亮节，令胜者也钦佩。

辩论双方只有及时从论辩的场合和氛围中跳脱出来，反思全过程，用得体的语言来协调双方关系，才能达到论辩的真正目的，成为双方增进了解和维护利益的有效手段。

技巧指导

（1）利用矛盾，也要注意风度

辩论赛中，双方队伍各由 4 位队员组成，4 位队员在辩论过程中常常会出现矛盾。即便是一个人说出的两段话，也会出现矛盾的情况，因为在自由辩论的过程中，语速很快，很有可能会自相矛盾情。一旦出现这样的情况，辩手就应当立刻抓住这一点，竭力放大对方的矛盾，让对方不知所措、无力反击。

例如，在“法律是不是道德”的辩论中，甲方三辩在发言时说“法律不是道德”，而二辩则说“法律是基本的道德”。这两种说法显然是矛盾的，在队友中出现自相矛盾的话时，乙方乘机放大甲方两位辩手之间的观点矛盾之处，迫使对方陷入自辩的尴尬境地。又如在“温饱是谈道德的必要条件”这一辩题中，甲方一辩起先坚持“温饱”是人类生存的基本状态，后来在乙方的凌厉攻势下，又谈起了“饥寒”的问题，这就与先前自述的观点发生了矛盾，乙方顺势“以子之矛，攻子之盾”，导致甲方理屈词穷、无言以对。

（2）“引蛇出洞”

在辩论中，常常会出现白热化的状态：一方死死守住自己的理论，不管对方如何进攻、从哪方面进攻，都只用那几句话来应对。如果这时候，仍采用正面进攻的方法，不但没有成效，还会浪费时间。在这种情况下，辩手应该尽快调整自己的进攻手段，用迂回战术，从侧面的、看起来并不重要的小问题入手，诱使对方离开营地，从而顺势打击对方，攻其本营，在评委和听众的心目中营造出一种轰动效应。

例如，在以“艾滋病是医学问题，不是社会问题”的辩题中，甲方死守着“艾滋病是由 HIV 病毒引起的，是医学方面的问题”这一观点，无论怎样进攻都不松口。于是，乙方采取了“引蛇出洞”的方法，突然发问：“请问对方，今年世界艾滋病日的宣传口号是什么?”甲方 4 位辩手顿时乱了阵脚，面面相觑，为了显示出自己的激辩能力，甲方辩手在不知道的情况下胡编乱造，乙方立即对口号予以纠正，指出今年艾滋病日的宣传口号是“时不我待，行动起来”，这就很好地转移了甲方的视线，等于在甲方的阵地上撕开了一个缺口，从而为彻底瓦解对方的坚固阵线打下坚实的基础。

(3) “李代桃僵”

在辩论赛中，经常会遇到一些在逻辑或理论上都比较难辩的辩题，所以不得不采用“李代桃僵”的方法，引入新的概念和观点来进行辩论。比如，“艾滋病是医学问题，不是社会问题”这一辩题在逻辑上和理论上是很难辩的，因为它不是一个选择题，艾滋病既是医学问题，又是社会问题。从表面上来看，很难把这两个问题区分开。因此，按照甲方赛前的设想，如果他们作为正方选手进行辩论，就引入“社会影响”这个新的概念，阐明艾滋病是有一定的“社会影响”的，但是不属于“社会问题”，并且准确地说明“社会影响”的含义，这样对方辩手就很难进攻。而乙方在赛前的准备中设想，假如自己抽到反方，即“艾滋病是社会问题，不是医学问题”的情况，如果己方完全否认艾滋病是医学问题，不但有悖于常识，也没有好的理论依据去说服大家，因此乙方就想在辩论中引入“医学途径”这一新的概念。“李代桃僵”这一战术的最终目的就在于引入一个新概念与对方辩手进行周旋，从而确保自己立论中的一些关键概念隐身在新概念的后面，不直面对方的攻击。

当然，辩论是一个非常灵活的过程，说它灵活是因为大家可以施展的技巧有很多。经验表明，只有知识积累和辩论技巧强强联合，才可能在辩论赛中取得骄人的成绩。

(4) 以慢制胜

消防队员在接到市民的求助电话时，通常会采用慢条斯理的口吻来和市民对话，这种缓和的语气是为了平稳说话者的情绪，以便对方能够清楚地说明事件的真实情况。再比如，夫妻俩吵架，一方气急败坏，激动得难以控制情绪，另一方不焦不躁、慢条斯理，结果反而在势头上占了上风。还有，一些政治思想工作者在处理问题时常常采用“冷处理”的方式，缓慢地处理比较棘手的问题。这些情况都说明了一个问题，在某些特定的场合，“慢”是处理问题、解决矛盾的有效方式。在论辩场上也是如此，在某些特定的论辩情势下，速战速决的方式反而起不到好的效果，以不变应万变、缓进慢动反而能够出奇制胜。大家可以参照下面的例子。

在某鞋子专卖店，有位顾客气势汹汹地找上门来，并且一进门就喋喋不休地说：“这双鞋鞋跟太高了，样式也不好……价钱也不是很合理。”营业员站在旁边一声不吭，耐心地听他把话说完，并且一直没有打断他的说话。等这位顾客不再抱怨了，营业员才从容地说：“您的意见我们了解了，我很欣赏您的个性，很直爽。这样吧，我到仓库再另行挑选一双，让您满意。如果您还是不满意的话，我愿意再次为您服务。”这位顾客听了营业员的话，感到十分羞愧，觉得自己做得有些过分了，结果态度来了个180°的大转弯，不停地称赞营业员。其实营业员给他新换的鞋子与原来那双并没有太大差别，他却不停地说：“嘿，这双鞋不错，就像是为我订做的一样。”

营业员以慢对快的方式，以冷对热的态度，让顾客先把怒气宣泄出来，找到了心理平衡，从而把复杂的问题变得简单化。

从上面的例子中，可以概括出一种反客为主的应对技巧，叫作“以慢制胜”法，在使用这个方法时要注意以下三点。

A. 以慢待机后发制人

俗话说：“欲速则不达。”在事件时机不成熟的时候就仓促做决定或者行动，往往达不到预期的目的。在论辩的时候也是如此，“慢”在一些情况下是很好的应对策略。“以慢制胜”法实际上就是大家常说的缓兵之计，它能够减缓对方进攻的速度，扰乱对方的谋略。在论辩局势还无法断定输赢的时候，辩手应该避免直接与对方正面交锋，而是应该采取拖延时间的战术，等待战机到来。一旦时机成熟，就可以出其不意、后发制人，使自己处于优势的一方。就拿丘吉尔的例子来说，在时机不成熟时，丘吉尔没有急于求成，而是以慢待机，在讨论首相人选的关键时刻，用沉默作为无声的武器表示反对，最终赢得了胜利。

B. 以慢施谋以弱克强

“以慢制胜”法适用于以劣势对优势、以弱小对强大的论辩局势，它是弱小的一方为了战胜貌似强大的一方而采取的一种谋略手段。“慢”中有计谋，缓动要巧妙。这里的“慢”并非反应迟钝、不擅言辞的同义语，而是大智若愚、大辩若讷的雄辩家定计施谋的法宝之一。如第一例中，丘吉尔面对张伯伦的追问，装聋作哑，拖延时间，实际上是实行假痴不癫的缓兵之计。在这一韧性的相持中，张伯伦一方终于沉不住气了，丘吉尔以慢施谋终于取得了胜利。

C. 以慢制怒以冷对热

“慢”在论辩中还是一种有效抑制对方愤怒情绪的方法。论辩中每一个人都唇枪舌剑，情绪都很激动，自控力较差的人很容易被一些言语激怒。在这种情况下，要想应对那些过分激动的人，辩手就要采用慢动作、慢语调，学会以慢制怒、以冷对热，这样才能让愤怒的人“降温减压”。只有对方情绪平了、心平气和了，你讲的道理和阐明的观点才易于被他接受。拿营业员的例子来说，他就是以冷静从容的态度、缓和的语气平息了顾客的怒气，化解了双方的矛盾。

总之，在论辩赛中，“快”与“慢”是既对立又统一的辩证关系。快有快的好处，慢也有慢的妙处。“慢”可等待机会、一举得胜，“慢”可施展谋略，“慢”可抑制愤怒。“慢”是一种极具韧性的策略，“慢”是要打一场持久战，“慢”是唇枪舌战中的缓兵之计。缓动慢进在许多时候，往往是通往胜利道路的捷径。

◎优秀演讲范例欣赏◎

范例点评

竞选演说——竞选学生会主席演讲稿：

尊敬的各位领导、各位老师，亲爱的同学们：

大家好！

我是来自×××班的××，性格开朗大方，处世沉着冷静，凡事懂得顾全大局。拿破仑有句名言说得好，“不想当将军的士兵不是好士兵”，凭借9年班长的经历和参与并组织众多社会活动的经验，我觉得自己能够胜任学生会主席这一工作。我很荣幸能够站在这里表达自己的愿望：“我要竞选学生会主席。”有这样一句话：“如果我是花，我就要盛放；如果我是树，我就要长成栋梁；如果我是石头，我就要铺成大路。”那么，既然我想要做学生会主席，我就要成为一名合格、出色的带头人！我有足够的信心，并且有能力胜任学生会主席这一职务。首先，我对学生工作有足够的热情。要想成为一名好的学生干部，最基本的就是要有工作热情。因为热情是一切工作的原动力，有了工作热情才能主动为同学们、为学校服务，拥有了热情才能成为同学的友人，成为老师的得力助手！其次，我有丰富的学生工作经验。9年的班长工作，培养并锻炼了我的管理能力，同时也让我把各位同学们的困难视为自己的困难；3年的团支部工作，锻炼了我的组织协调能力，让我了解到了协调合作的重要性；曾经组织并参与向贫困地区儿童献爱心活动，让我明白了团结的力量；在K市广播电台经济频道的半年主播生活，让我积累了丰富的社会经验，锻炼了我的实践能力；“教师节文艺汇演”及“校园艺术节”的成功举办，提高了我解决突发状况和问题的应变能力；连续两年“市级三好学生”的获得，就是对我能力的肯定……再次，我深知团队合作的重要性。一座高楼不可能只由一根柱子来支撑。马克思和恩格斯曾说过，只有在集体之中，人才能获得全面发展才能的机会。由此可见，一个人的能力是有限的，集体的力量才是强大的，要想完成好一件工作，就得分工合作，凝聚团队的最大力量，进而更好地建设和发展学生会！最后，要想成为一个合格、优秀的学生干部，就应当以大局为重。我时刻要求自己要有高度的责任感和吃苦耐劳的精神！同时，我也会在实践中，不断地武装自己，努力在各方面充实自己，让自己进步，不断开拓创新，以便进一步地建设好学生会，为同学们更好地服务！

在我看来，学生会主席不仅仅是身份的象征，也不仅仅代表一个称号，不只是个光环，它背后有着全心全意服务于同学的实质性内容，与数以万计的校友的利益息息相关。所以，如果我有幸当选学生会主席，我决不会让这个“主席”的称号成为一个虚名。

假如我当上了学生会主席，我首先会对学生会的成员提出几点要求：要注意文明用语，举止大方得体，懂礼貌树新风。

假如我当上了学生会主席，我会更加严格要求自己，不断提高自己各方面的素质，并且要进一步提高自己的工作热情，并把工作热情传递给每一个人，以饱满的热情和积极的态度去对待每一项学生工作；要进一步明确自己肩上的责任，在工作中大胆创新，积极进取，虚心地向别人学习；不断地为学生会吸收新鲜血液，广纳贤言，力争做到有错就改，有好的意见就接受，同时能够坚持自己的原则，绝不徇私舞弊。

假如我当选学生会主席，我将以“奉献校园，服务同学”为宗旨，做到从同学的利益出发，全心全意为同学们服务，代表同学们行使合法权益，为学生会的发展贡献力量，为校园的建设添砖加瓦。一切以学生会的利益为根本利益，坚持以学校、大多数同学的利益为重心，倾听同学们的心声。我会和学生会所有工作人员共同努力，把学生会打造成一个学生自己管理自己，高度自治的工作平台，体现学生主人翁的精神。

假如我当上了学生会主席，我要提出改革学生会的体制，让有能力的人到需要他的岗位上去，做到“优胜劣汰”。工作方面“日日清，周周结”，每周都要开例会，对各部门的负责人进行工作考核，采取会议投票制度，通过其部门的成员反映情况，指出部门负责人在工作中的优劣，并用朋友的身份与各部门负责人商讨解决方案，制订出下一阶段的工作计划。经常与工作人员进行交流，彼此交换对生活、学习、工作的看法，为把学生工作进一步完善而努力。每周开展各部长及部门负责人自我批评、自我检讨的活动，并以书面材料的形式留存档案。

我知道，再多华丽的辞藻也只不过是一瞬间的智慧与激情，只有实际行动才能表明一切，如果我当选为学生会主席，一定会言必行、行必果，请大家看我的实际行动。请大家支持我，投上你手中宝贵的一票！

第十四讲 / 媒体讲话

从容不迫，游刃有余

面对媒体时，有的人不知所措，有的人对答如流。面对媒体提出的敏感、刁钻的问题，不能躲闪逃避，而要从容不迫、有的放矢、游刃有余。

◎面对媒体要做到有的放矢◎

范例点评

接受媒体的采访是领导者的“必修课”之一。面对媒体所提的问题，回答完美与否，对领导者和领导所代表的企业形象起着关键性作用。

凡事预则立，不预则废，领导者接受采访时也是如此。要知道，作为媒体人，他们的工作就是提问，记者的问题通常都是五花八门的，有的敏感，有的刁钻古怪，让领导者应接不暇、不知所措。

在某跨国集团举行的乒乓球比赛上，中国乒乓健儿不仅充分展现了自己在赛场上的飒爽英姿，而且在面对国外媒体时，很多中国选手落落大方地展现出中国乒乓球健儿的优雅风采。

本次比赛吸引了很多国外媒体记者，其中美国《体育画报》记者就对当时领队的乒乓球运动员提出这样的问题："姚明、刘翔是最著名的中国运动员，你们其他中国运动员是怎么看他们的，他们会给你们带来什么影响?"

虽然问题提得很大，但是这位乒乓球领队在面对这个问题的时候，反应机敏，落落大方地说："因为他俩参加的项目更好地诠释了奥林匹克精神，一个代表高度，一个代表速度。我记得姚明应该是亚洲人在 NBA 中第一个状元秀,刘翔是第一个获得奥运会短跑项目金牌的中国人。他们很不容易,我为他们感到骄傲。不过乒乓球是中国的'国球'，和 NBA 在美国人心目中的位置差不多。乒乓球受关注其实也是因为前辈们打下的深厚基础，我们所做的就是维护这个项目的荣誉。"这个回答既谦虚又大方，赢得满堂彩。

技巧指导

作为领导，在面对媒体时既不能展现出过分的亲昵，更不能躲闪逃避，而是要讲究应对策略。领导者要想在媒体面前不那么被动，可以参考下面的十条策略。

(1) "主动预热新闻"策略

可以通过开展活动、组织抗议、发布新闻发布会、社评、游行等方式来引发话题点，制造新闻。或者为了吸引媒体注意力，可以通过“媒体热度”、“让事件变得更富戏剧性”等方式来变被动为主动。为了使这种策略获得良好的效果，领导者可以将自己的组织处理成受害者的形象。

当然，凡事有利就有弊，采用这种“主动预热新闻”的策略也有其弊端。“主动预热新闻”的时效性强，但是它所带来的影响力很快就会减弱，而且具有烙印的效应，一旦把某种印象刻在大家心中便很难再去改变。一般情况下，这种策略的主要目的是给有关机构施加压力，或者是在攻击对手时使用。

(2) 专题新闻策略

专题新闻策略适用于各大媒体的专题板块或人物专访节目，在新闻中属于深度报道策略。这种策略需要投入的时间较长，需要有很大的耐心，同时需要领导者与相关的媒体人员，如编辑、记者、制片人保持友好的关系。在采访前，双方能够对话题的中心、主旨达成一定的共识。

(3) 以自身为主的主动策略

领导者应学会让媒体站在自己的角度去关注问题的技巧。领导者可以同时向所有的媒体公开发布消息，也可以在“不经意”间向某位记者透露信息。如果领导者想在事件发展之前试探一下群众对事件的反应，那么后一种策略的效果会更好。

(4) 以第三方为主的客体策略

让媒体对某项事件进行报道，但是只针对事件本身进行报道，而不要在报道中突出你的组织。领导者可以借他人之口对报道提出看法，如新闻评论员，让别人提供“第三方”的观点或评论，这是行之有效的办法之一。

(5) 正面面对、积极执行策略

当所有的因素都准备就绪时，也就是大家常说的“万事俱备，只欠东风”时，领导者可以考虑实施这一策略。

如果策略执行到位，通过这种方法领导者可以扳回局面，让那些在幕后攻击你的人反受其害。尤其是当领导者以“从大局着眼”或者“直面真正的问题”的角度出发，并且用一种“痛惜而非愤怒”的口吻表达出来的时候，效果会更加明显。

(6) 行事低调策略

低调策略是以不变应万变的方法，其目的在于让领导者的组织保持在媒体视线之外。领导者应该注意，低调策略一定要小心使用，只有当媒体不再聚焦你的组织时，它才会奏效。

(7) 逆向思维策略

反向策略主要是以暴露竞争对手的弱点为最终目标。当然，这种方法若是使用不当，会被认为是投机取巧，使用不正当手段竞争。所以在使用该策略的时候，在去揭开并且暴露对手弱点的同时，一定要注意适当地肯定对方的成绩，让大家觉得自己不是戴着有色眼镜看人，而是在一个平衡的视角中谈问题，对事不对人。

(8) 主动配合媒体策略

在使用这一策略时，领导者不能只是简单地向媒体传达信息，应该帮助记者更深入地去了解相关事件的前因后果。通过协助媒体工作的方法，领导与媒体间可建立起信任的桥梁，从而更加容易掌控媒体的报道。

（9）“放长线，钓大鱼”策略

如果领导者要发布的新闻比较复杂，千万不要试图在短时间内惊动媒体。相反，领导者应该放长线钓大鱼，向媒体提供足够的背景资料，并且真诚地邀请媒体参加相关会议活动等。

这是一种长期应对媒体的策略，虽然不能在短时间内见到成效，但是媒体一旦从资料中找到进行报道的理由，这种策略的功效就会立即发挥出来。

（10）“分步骤，有计划”策略

一些全国性媒体的新闻容量有限，为了能够让新闻产生巨大的影响，领导者可以采取逐个占领区域性媒体的策略。其实，那些区域性媒体晚间新闻的受众数量要远远多于综合性网络电视新闻节目的受众量。而且，选择做一则区域性新闻的难度要远远低于做一则全国性新闻的难度，这一策略还可以有效避免自己的组织在公众面前“过度曝光”。

领导者若掌握以上10种策略，那么在面对媒体时一定可以有的放矢、游刃有余。

◎媒体应对中，无声胜有声◎

范例点评

在面对媒体咄咄逼人的询问时，领导者的应对可以分为两种：一个是有声语言，一个是无声语言。大家来看一个用无声语言回答记者提问的例子。

刘德华是华语乐坛不老的神话，他的一切动态都是媒体和公众关注的焦点。但是，年近50的天王对自己的婚姻总是持保密态度，外界对他婚姻的传言很多，今天与这个女明星约会，明天与那个女明星逛街了等，但是刘德华从来都不做正面的回应，原因是他的心中早已认定了一位妻子——朱丽倩。

马来西亚女子朱丽倩一直被传是天王刘德华的隐婚妻子，但是媒体苦无证据，也不敢大肆宣传。2010年朱丽倩父亲在马来西亚过世，刘德华以女婿的身份前往马来西亚奔丧，直至此时，天王的婚姻才浮出水面。奔丧后刘德华与朱丽倩一同返港，在走出机场时刘德华与朱丽倩十指紧扣，一时间记者蜂拥而上。但此时，刘德华并未作出任何语言上的回应，而是默默地牵着朱丽倩的手，为其挡住媒体的狂轰滥炸，刘德华用无声语言回答了记者机枪扫射似的问题。

所以在面对媒体的时候，新闻当事人只需对记者讲那些可以公开公布的东西，不该说的话一定要闭紧嘴巴，甚至以沉默来应答。

技巧指导

为了吸引大众眼球，达到轰动效应，追求新闻的爆炸性，现在的记者常常会对一些问题刨根问底，不得到答案誓不罢休。特别是对于一些较为敏感的问题，比如那些在社会上造成负面影响的谣言、一些关于领导或企业内部的小道消息、企业之间的矛盾以及重要的人事变更等，记者都非常感兴趣。那么领导在回答这些敏感问题时，应该掌握哪些技巧呢？

(1) 一五一十地回答问题

领导人在面对那些善于刨根问底的记者时，遇到的最为典型的敏感问题就是关于企业目前遇到困难、挫折的传言，记者们会不厌其烦地提出这样的问题，力争得到第一手消息。比如，有记者问："据说贵企业目前陷入困境，请问是这样吗，又是什么原因造成的呢？"这时，如果领导者直接回答说："没有。"记者的攻势就会更加猛烈，因为对方可能是有备而来的，他们为了证明你在说谎会列举出一系列事实，让你焦头烂额。假如你的企业也确实陷入困境之中，你这样回答，显然会对你的境地和企业的公众形象更加不利。其实，对于这样已经客观存在的事实性问题，最好的解决办法便是对记者所提的问题如实回答。

（2）巧思妙答，陈述事实

但是，领导者要明确的是，如实回答也不是让你对记者的提问只简单地说一个“是”字，如实回答也是有技巧的。在这个时候，不能只讲企业陷入了困境，媒体总是会夸大宣传，这样很容易在社会上形成一种不好的影响：企业已经完了，就连领导也说出这样的话，看来是无力回天了，只能坐以待毙。所以，领导者在如实回答记者提问的同时，不但要正面回答企业目前是遇到了些困难，而且要解释清楚困境产生的原因。比如有些困难是整个行业共同面临的问题，是整个市场经济下的大环境造成的，那么领导就应该实事求是地说：“大家都知道，我们企业长期以对外贸易业务为主，但由于欧债危机的影响，导致欧洲很多国家进口能力削弱，直接造成市场萎缩，这对我们企业的业务发展影响很大。”如果企业陷入困境是领导层的决策失误造成的，那就要主动承认错误，可以这样说：“因为我们前期对市场调查的力度不够，导致错误地估计了消费者的心理，对企业带来的巨大损失，我感到非常惋惜，最终结果还在讨论中，谢谢大家的关注。”

（3）拉近与媒体人的距离

以上两点也只是在应对媒体方面做了一半的功夫而已。更重要的是，为避免群众对企业丧失信心，领导者要向记者明确自己和企业对事态的发展已经加以掌控，并且正在采取应对的措施。如：“对于这次欧债危机对我们企业造成的影响，经过董事会的多次开会讨论研究，已经采取了多项措施，一是公司已经在尝试着寻找新的出路，向东南亚和拉美等地区开拓出口业务；二是公司也将积极开拓国内市场；三是公司目前也在进行新的改革、不断提升技术手段、提高工作效率等等。”如果是自己的决策失误造成了困境，领导者也要说清楚自己的改正措施：“对于这次我个人的失误，给公司造成的巨大损失，我已经向公司董事会对事态的发展做了详细的汇报，并且做了深刻的检讨。我已经主动采取如下措施，一是自动取消一年的奖金，二是我将采取积极的措施挽回公司的损失……”

在与记者交流完应对策略之后，如果这些对策已经开始施行并取得了一定的成效，那么领导者一定要借助媒体之口说出来，以坚定人心：“通过一个月的努力，公司对此次事件的处理方案已经初步收到成效。这个月的业绩报表显示，出口下滑的趋势已经初步被遏止，与上个月相比，出口率增加了 3 个百分点。预计接下来的几个月里，公司业绩将会稳步上升。”

如果所采取的措施已经收到好的成效，并且可以在可预见的时间内取得更大的突破，领导者也应该讲出来：“我们预计，就欧债危机的逐渐好转趋势来看，再加上我们所采取的这些应对措施，相信在 3 个月后，业绩下滑的情况就会得到完全的遏制。”但是为了预防到时做不到，让自己陷入更大的被动之中，说预期效果时一定要给自己和企业留有余地。如果公司所做的这些努力也不一定能够改变这种严峻的形势，那么领导者在与记者谈完应对措施时就可以收口了。

领导者在与媒体、新闻界沟通时，所涉及的问题会多种多样，有时还很敏感。所以，领导者要时刻提醒自己，把握好语言的分寸，尤其是涉及政治、经济领域的问题，一句失言就可能招致弥天大祸。

所谓语言的分寸是指讲话者对说话情感、政策尺度的准确把握。讲话是否有分寸，是衡量领导者政治素养、思想水平、语言能力的重要体现。分寸感要求领导者在与媒体进行交流时，所持的态度和情绪必须恰到好处，既不能太平和，也不能太过火。

另外，讲话的分寸也体现在说话的字数上，而“言多必失，过犹不及”说的就是这个道理。在记者心中，最先考虑的就是自己是一个媒体人，其次才是与被采访者的私人关系。所以，领导者在接受媒体采访时要掌握好说话的力度和分寸，其中最重要的一条基本原则就是不要对记者说“不许见报”之类的话，哪怕记者没有打开录音笔、收起了照相机，领导者也不要说这些话。尤其是当采访结束，记者已经合上笔记本要离开时，领导者就更要注意了，因为这个时候采访已经结束，领导者有可能会在不经意间说出一些有失严谨的话。

◎面对公众，说错话后的补救◎

范例点评

俗话说“人有失手，马有失蹄”。一个领导无论有多么高明、多么“老到”，在面对媒体时都可能会有失误的时候。

孙子兵法中提道：三十六计，走为上计。面对领导失言的情况，也有固定的应对技巧，即立即封口，迅速闪人。能尽量躲避旁人耳目当然最好，如果办不到，还是先离开现场。人的一生必将会有错误伴随，犯错也一定会带来一些痛苦，但是如果错误处理得及时得当，就足以让痛苦烟消云散。所以，在面对失言的境地之时，为了避免造成更大的失误，领导者必须及时快速地处理。

领导者在失言之后必须立刻实施补救措施。大家可以看一个例子。

在两晋时期，官列朝堂的阮籍就曾经遇到这种失言的情况。幸运的是，他凭借自己的机智，及时对过失进行补救，这才能转危为安。有一天在朝堂上，忽然有个官差慌忙上堂报告："大人，有人杀了您母亲。"阮籍素来随性，不拘小节，张嘴便说："杀父乃可，至杀母乎!"这句话的意思是说杀父亲也就算了，怎么可以杀我的母亲呢？文武大臣都很震惊，竟然在朝堂之上说出如此大逆不道的话。有大臣厉声斥道："杀父者罪不容诛，你可知自己在说什么？"阮籍意识到自己在朝堂上失言，已经惹祸上身，立即辩解道："非也！臣听说，禽兽只识其母，不认其父。要是人杀父就如同禽兽，而杀了母亲，就是禽兽不如了。"众大臣听言，觉得有几分道理，就不再继续追究了。

阮籍玩世不恭都能够及时对自己的过失进行补救，更何况身处领导地位的企业高管领导者更应该在与媒体交往中小心警惕，在失言之后赶紧设法补救。

一个成熟机智的领导者绝不会死死守着那些根本无法立足的论点。假如领导者失言的情况已经严重到无法补救时，那该怎么办呢？只要是聪明的领导者，一般都会立即"完全"偃旗息鼓的。

技巧指导

新闻报道具有客观性、及时性和公正性，它们不受其他势力的左右。所以，领导者必须掌握新闻记者的职业特点，他们的地位具有独立性，领导者不能纯粹地把媒体当成宣传自己形象或公司形象的工具，进而利用记者报道有利于自己或企业的消息。媒体人个个都很精明，领导者的这种做法是无法得到他们的合作和支持的。

新闻媒体主张实事求是，反对虚假言论，因此领导者在与新闻界交往时，一定要保持谦虚、诚恳和实事求是的态度，给媒体提供的新闻素材不能有人为因素的篡改。不管新闻对自己或企业是否有利，都不要对记者封锁消息，这样只会招致更大的风波，领导者提供给媒体的信息要保质保量，不能弄虚作假。

新闻媒介所提出的问题，领导者一定要重视起来。这些问题一般都是涉及社会政治、经济、文化生活中的重大事件，涉及面广，与国家的政策、发展形势等往往有着千丝万缕的联系，所以领导者对媒体说话要讲究“有一说一”、“实事求是”。如果媒体涉及的问题确实属于商业机密，不便向外界透露时，领导者也要委婉地用外交辞令通过记者的口向群众表达清楚，绝不可以弄虚作假。

语言沟通能力对于领导者应对媒体采访是必不可少的能力之一，但是要想更好地树立自己和企业的形象，一些非语言沟通也是有效的应对手段。因此，只有语言和非语言沟通做到统一，领导者才能将自己和企业以最完美的形象展现给媒体和大众。

(1）领导在采访中的正面语言

A. 语言要简洁

领导者在采访中切记言语中不要出现“呃”、“啊”、“哦”的口头语，要做好充分的准备再说话，最好能够在每句话之间留有空隙，并且不要啰嗦，用最简洁的语言说明问题就可以了。

B. 语速要适中

很多时候，领导者在接受记者采访时，为了避免言多必失，喜欢速战速决，希望尽量缩短面对媒体的时间。但如果领导者的语速太快，听众就会觉得你很匆忙，不愿回答问题，或者连你自己也不知道自己在说什么，显得不尊重他人。所以，领导者在接受采访的过程中，一定要时刻调整好自己的状态，讲话时保持语速适中，易于让听众接受。

C. 声调要富有变化

领导者可以通过强调每句话中的中心词义，在关键词上加重语气，让自己的讲话方式富有变化，而不是像复读机一样把话输送出来。领导者在讲话时，声调富有变化可以使谈话过程不至于太乏味、沉闷。

D. 学会停顿

学会在关键词之前或之后稍作停顿，这样做不仅可以突出表明讲话的中心思想，还会给人一种你在思考、对回答的问题非常谨慎的印象。

E. 语言尽量简单、直接

领导者要想让记者、观众理解你的回答，就要口齿清晰、语言直白、通俗易懂，不要使用专业术语一味地打官腔，更不要用冗长的句子，让人听不出来你想表达的重点，那样只会让记者和听众感到厌烦。

F. 声音要有力量

领导者面对采访时，要通过语言展现出应有的精神面貌。能够给记者和观众留下深刻印象的是领导者在谈话中所表现出来的力量，所以领导者在接受采访的过程中千万不要让自己的声音越来越小。

(2) 采访中的仪态姿势沟通

A. 姿势

领导者在接受采访的时候，可以通过非言语的形式来塑造形象、影响公众。那么要想给人开诚布公、诚恳真实的感觉，领导者应该在姿势上注意以下几点：站立时不要耸肩；接受采访时一定要穿着外套，扣子可以不扣；上半身始终保持挺直，不要随意倾斜；坐着的时候，可以把双脚平放在地上，也可以双腿叠放；将手臂轻放在椅子扶手上；不要双手交叉在一起，也不要身体歪向一侧，斜靠在椅子上，更不可双手抱在胸前，那会让对方感觉你的戒备心理很强；更不要把头歪向一边，这样会给对方留下焦虑或虚弱的印象。

B. 面部表情

生动的面部表情可以感染对方，也会把一个人的感情和语言连接起来，能够很好地传递你的热情，比如说挑起眉毛、适当微笑、舒展脸颊等。在面部表情方面，领导者要做到如下几点。

领导者在接受采访时，要充分利用面部表情给对方带来舒适感，在适当的时候微笑；不做多余的表情，不做古怪的表情，那样只会转移对方的注意力；要掌握好沉稳与热情之间的平衡；要注意时刻保持跟采访者的目光相接触，但也不是要领导者眼睛一直瞪着对方；录像时，采访者提问就看着采访者，回答问题时也要与采访者有眼神交流，还要适当地看镜头。